サブ2.5医師が教える

マラソン
自己ベスト
最速達成
メソッド

諏訪通久
Michihis

大和書房

はじめに

私は膝関節を専門とし、ランニング障害の治療を得意としているスポーツ整形外科医です。

もともと陸上経験が全くありませんでしたが、2013年からマラソン大会でランナーの皆様と共に同じコースを走り、有事の際には医療支援をするという「ランニングドクター」としての活動を開始しました。余裕を持ってマラソンを走る必要がありますので、ゆっくりでも〝長く安定して〟走るためのトレーニングを開始しました。

その半年後に、勤務していた病院の近くにあった実業団駅伝部のチームドクターを引き受けることになりました。仕事が早く終わった日には監督やコーチと一緒に、故障をした選手が復帰するための練習を競技場に見に行っていました。そこである日コーチから「見ているだけじゃつまらないでしょ、一緒に練習してみなよ」と言われました。ずっとテニスやフットサルなどのスポーツをやってきたし、最近はジョギングもしているし、走ることには少し自信がありました。

その根拠の乏しい自身は、トラックを半周過ぎたあたりで打ち砕かれました。今思えば相手はトップレベルの実業団選手ですから、故障明けといっても素人からしたらとんでもないスピードで走るわけです。今まで味わったことのない挫折感と同時に、自分の奥底にある負けず嫌いな心に火がつきました。その日から〝長く安定して〟に加えて〝より速く〟走りたいという気持ちが強くなりました。

とにかく粘って走るという練習が実を結び、2014年の初マラソン（第62回勝田全国マラソン）でサブ3を達成しました。さらに上の国際ランナーを目指すために、当時の福岡国際マラソンの参加標準記録を切ることを目標にしましたが、自分には絶対的なスピードが足りていないということで、その弱点を補う練習を取り入れました。その結果、翌2015年の同大会で2時間40分を切ることができました。

ここで満足することはなく、日本で参加標準記録がもっとも厳しいびわ湖毎日マラソンに出場したいという気持ちになりました。2015年の福岡国際マラソンでサブ2・5を達成し、翌2016年のびわ湖毎日マラソンも厳しい関門との戦いに勝利し、完走することができました。同年の神宮外苑ウルトラマラソン50㎞で3位入賞し、IAU 50㎞世界選手権の日本代表候補となりました。２０１７年の第66回別府大分毎日マラソンで、自己ベストである2時間28分57秒を記録しました。

走ることが楽しくて仕方ありませんでした。

しかし、順風満帆だった私のマラソン時計は２０１７年8月の交通事故で止まってしまいました。文字通りランナーの生命線であるアキレス腱を断裂、縫合、再断裂、再建術という複数回の手術を経験しました。一年くらいは普通に歩くことさえできませんでしたが、家族や周りの方々のサポートのおかげで過酷なリハビリを乗り越え、ジョギングができるまでに回復しました。

私は医師として外来、病棟、手術、当直などの通常業務をこなしながら、限られた練習時間の中で「陸上未経験から二年でサブ2・5」を達成しました。結果的には〝効率的に〟映るかもしれませんが、その裏には多くのものがあります。陸上経験がなく、知識もなかったためにあらゆる雑誌や書籍を読破し、そこで勧められている練習法を手当たり次第に取り入れました。中には運良く自分に合う練習もありましたが、ほとんどはそのままでは合いませんでした。自分の特性と練習内容を照らし合わせ、〝微調整〟を繰り返しました。

そこで役だったのが陸上競技コーチとしてのバイオメカニクスやパフォーマンスに関する知識です。そうした試行錯誤の結果、自分に合った練習を作り上げ、効率的なランニングフォームを身に付けることができました。ここであえて〝効率的〟と表現したのは、初マラソンから現在まで、すべての大会でサブ3（うちサブ2・5は三回）しているという安定感に裏付けられます。

私にとっての最適な練習法が、読者の皆様にすべて当てはまるということでは決してありません。**既存の練習をいかに自分仕様に変えるか**というセミオーダーメイドのための〝気付き〟や〝きっかけ〟をお伝えしたいのです。〝人体実験〟とも言い換えることができるような方法により、ほぼすべてのランニング障害を経験し、考え得る最短距離で復帰し、再発を防止することができました。アキレス腱断裂のような選手生命に関わる大怪我も経験しました。ここで役立ったのがスポーツ整形外科医としてのランニング障害の知識です。自己ベストの達成には、〝地道に継続〟していくことこそが唯一の近道です。だからこそそれを妨げる故障やメンタルの低下への対応力が大切になります。

本書はスポーツ整形外科医×陸上競技コーチ×サブ2・5市民ランナーとしての視点か

ら、ランニング障害を予防するための基本的な知識やレースで結果を出すための実践的なコツまで網羅しており、私の経験と最新の知見を融合させた、最新かつ永続的な内容になっていると自負しています。

最後までお読みいただいた皆様の「故障ゼロ」や「自己ベスト更新」へのお力になれましたら、この上なく幸せなことです。

第3章 どうすれば「怪我・故障」を防げるのか

第4章 食事と睡眠

第5章 レース本番のマネジメント

第1章

忙しいけど「最短×故障ゼロ」で自己ベストを達成したい人へ

自己ベストの条件その1

短時間で、最大の効果をあげる

1日は24時間、1年間は365日。

すべての人に与えられた時間は平等です。私たちは、その限られた時間の中で、生きていくために必要な食事や睡眠はもちろん、学業に励んだり、仕事をしなければなりません。そして、それ以外の自由時間を、趣味や家族サービスに費やします。実業団選手のように走るのが仕事であれば、十分な練習時間が確保できるかもしれませんが、私を含めた大多数の市民ランナーにとって、トレーニングに割ける時間はそう多くありません。

時間的な制約だけでなく、仕事や家庭とバランスをとることも、とても大切です。

本書を手に取られた向上心の強い方であれば、日々、真剣に練習に取り組まれていることと思います。そうした練習を続けるためには、家族や職場の同僚をはじめとした周囲のサポートも必要になるでしょう。私は、常に「走らせていただいている」という感謝の気持ちを持って、練習やレースに臨んでいます。

我々市民ランナーにとって「自己ベスト」は重要ですが、そのために周囲の人を困らせてはいけません。きっちりと優先順位をつけて、メリハリのある生活を送ること。それが、ランニングの練習を長く続けていくコツです。

限られた時間の中で、仕事や家庭とバランスをとり、さらに自己ベストを目指す。そのために必要となるのは、ずばり**「短時間で、最大の効果をあげるトレーニング」**です。それができれば、すべてのことがうまく回る気がしないでしょうか？

私は昔から早起きだったこともあり、「朝の4～6時」というのを基本的な練習時間としていました。夜は手術や救急で遅くなったり、病院から電話があったりと予定が読めないため、必然的にこのスタイルになっていきました。

「朝4時起きなんてストイックすぎる！　自分にはとても無理だ」

そんな声が聞こえてきそうですが、すべての人に早朝練習を勧めているわけではありません。最も大切なのは、**「自分のライフスタイルに合わせて、確実性の高い時間枠を確保すること」**です。

人間が集中できる時間は15～45分とも言われていますので、ダラダラと長時間練習するのは効率的ではありません。

練習時間は「見つける」のではなく「確保する」

練習時間は「見つける」のではなく、あらかじめ「確保する」ことが大切です。一見同じように感じますが、両者には大きな違いがあります。

短期間で速くなるためには、休養日を除いた毎日の練習継続が極めて大切であり、習慣化させることで継続を容易にすることができます。

「見つける」というのは日常生活の中での空き時間に練習するということです。たとえば「〝たまたま〟仕事が早く終わった」「〝偶然〟予定がキャンセルになった」時に走るというもので、練習の優先順位は低く、受動的であり、かつ不安定要素が大きいために効率が悪くなってしまいます。「できたらやろう」という考えでは、練習を習慣化させることが難しいのです。

一方、「確保する」というのは、**日常生活の中で、高確率で練習できる枠を設ける**ということです。

「朝食前に1時間」「仕事を終えて帰宅する前に1時間」など、日々の生活の中に「必ず練習する時間」を作るのです。

練習時間は「見つける」と同じでも、その質はまったく別物です。練習の優先順位は高く、能動的であり、確実性が高いため、最大の効果を得ることができます。

部活動でも、監督にやらされている練習より、自分たちで考え、率先してやる練習の方が楽しく、充実したものになるのではないでしょうか？

私は医師としてフルタイムで働きながら、マラソン練習を並行して行いました。決して十分な練習時間が確保できたわけではなく、当初は空いた時間に練習しようと思っていても気持ちが乗らなかったり、なかなか継続して練習することができませんでした。

練習する時間を限定し、集中力を高める

では、どのようにして2年間でサブ2・5を達成できたのでしょう。それは「時間の作り方がうまくなった」からだと考えています。

当時勤務していた病院の関係で、私の平均的なライフスタイルは朝7時に出勤し、夜19時まで仕事というものでした。当たり前ですが、仕事中に走ることはできませんので、食

事の時間を考慮すると「朝は6時まで、夜は20時半まで」が限界でした。

朝食を抜いたり、睡眠時間を短くしたり、という作戦も考えられますが、医師という「命を預かる仕事」に就く私にとって、遅刻や体調不良などは許されません。絶対に翌日の仕事に支障が出ないことを優先しました（それも疲労を溜めずに練習継続できた一因かもしれません）。

それらを考慮した結果、移動やシャワーの時間も含めて「朝は4～6時」「夜は19時半～20時半」というのが私にとってのゴールデンタイムとなったわけです。ちなみに、週末は土日のどちらか1日を距離走（長距離練習）や大会に充てました。

練習する時間や曜日を限定すると、確保した時間が貴重で意味あるものに変わります。いい意味で追い込まれ、適度な緊張感が生まれ、短時間に集中した練習をこなすことができるようになり、自然と練習効率が上がります。

逆に他の時間は練習以外のことに使えますので、精神的にもリラックスでき、「オンオフの切り替え」がきちんとできます。

陸上アスリート専門外来にいらっしゃる患者さんからも「忙しくて練習時間が取れない

から」というフレーズをよく耳にしますが、前述のようにちょっとした考え方の工夫をすることで可能になるのです。たとえ30分でもかまいません。大事なのは、練習時間を確保し、それを習慣化することです。

速くなるランナーの「二つの特徴」

よく「短時間で〝楽に〟速くなる方法はないですか」と質問されます。

必ずしも長い距離・時間を走らなくても速くなる方法はあります。ただし〝楽に〟速くなる方法はなかなか見つかりません。

マラソンは精神力を試される競技でもあるため、あまり楽をしていると本当に力が必要になった苦しい場面で、自分に負けてしまいます。きつい練習の中で弱点が見つかることもありますし、そこに記録更新への鍵が隠れていることも多いです。

今までたくさんのランナーをコーチングしてきましたが「練習をしているのに記録が伸び悩んでいるランナー」と「あまり練習時間がないのにどんどん自己ベストを更新するランナー」にはいくつかの大きな違いがあります。

①「単調な練習」では伸びにくい

一つ目は練習内容にメリハリがあるかです。伸び悩んでいるランナーは毎日同じコース、同じ距離をダラダラと走っている人がとても多いです。速くなるランナーは、毎日コースや距離、ペースを変えて練習している人が多いです。

具体的にはアップダウンのあるトレイルや峠をコースに取り入れてみたり、芝生やクロスカントリーなどを走ってみたり、トラックを利用してみたりなどです。そうして様々な筋肉をバランスよく鍛え、時には心肺を刺激することにより、実践向けの身体が出来上がっていきます。また単調にならないために飽きが来ず、継続するメンタルにも好影響を及ぼします。

こうした練習のバリエーションとメニューの組み立て方については、第2章で詳しく解説いたします。

②速くなるランナーは「体調管理」に気を配る

二つ目は体調管理です。

速くなるランナーは、コンディショニングや栄養など、練習以外のことにも高い関心があります。パフォーマンスを保つために、生活習慣にも気をつかう人が多いです。また、嗜好品を節制したり、バランスの良い食事でリカバリーしたりしています。体調管理については、第４章で解説します。

ここで覚えておいていただきたいのは**「走るだけが練習ではない」**ということ。限られた練習時間で最大の効果をあげるためには、しっかりと身体もケアしてあげなければなりません。

- **新鮮な気持ちで、能動的に練習できる時間を確保すること**
- **体調管理に気を配ること**

この二つを守ることで、自己ベスト達成がグッと近づくはずです。

自己ベストの条件その2

いかに故障を防ぐか

自己ベストを目指して、日々走っている皆さんなら、一度は故障を経験したことがあると思います。本書を読んでいる現在も痛みで悩んでいる方も多いのではないでしょうか？　練習量が多くなったり、練習強度が高くなったりすれば、当然ながら故障のリスクも上がっていきます。ランナーにとって、故障することはある程度仕方のないものでもあります。

しかし、故障の辛さは、身体的な痛みだけではありません。満足に練習できないことで「これまで培ってきた走力が衰えてしまう」「目標の大会に出られないかも」という焦りも生まれます。その結果、ストレスから精神的にもダメージを受けてしまいます。

かくいう私も、恥ずかしながら、ほとんどのランニング障害を経験してきました。ただ、スポーツ整形外科医としての解剖・バイオメカニクスの知識、陸上コーチとしてのトレーニング理論の知識を融合することにより、いずれも長期化せず、考えうる最短距離で復帰することができました。

この経験によって、故障に悩んでいるランナーの気持ちが理解できるようになったことは自分のキャリアに影響し、それと同時に故障する前段階での予防方法を広めていきたいという気持ちが大きくなりました。

陸上アスリート専門外来でも、現症の治療はもちろんですが、再発予防のための身体作りや競技復帰に向けたトレーニング指導に力を入れています。

本書では、自己ベストを目指す皆さんのために「故障なく練習を継続する」という単純かつ困難な課題を解決するきっかけをお伝えしていきます。

故障を防ぐ三つの条件

「はじめに」で述べましたように、私はまったく知識のない状態からマラソン練習をはじめ、ほとんどのランニング障害を経験してきました。

体を動かすこと自体は好きで、小学生では野球、中学生から大学生はテニス、医師になってからはサッカー・フットサル、スキューバダイビングなど、スポーツには親しんできました。そのため、基礎的な体力はあったと思います。

しかし、あくまで球技中心で、陸上経験や長距離走の経験は無し。42・195㎞を走ることなど想像もできませんでした。

まず何をしたらいいのかすら分かりませんでした。まずは格好からということで、ウェアを揃えました。上下はテニスやサッカーで着ていた半袖・短パン、シューズはサッカーのアップに使っていたものがあったのでそれを履きました。

どんな練習をしたらいいのか、どうしたら速く走れるようになるのか、オススメのシューズはどんなものか。周囲にランナーはいなかったので、インターネットで調べたり、あらゆるランニング関連の書籍を読んだりしました。いわゆる自己流です。

どの練習が自分に合うのか分からず、メディアでオススメの練習をまず自分で試し、自分に合うように微調整し、徐々にセミオーダーメイドの練習メニューが完成していきました。自分の身体を使った人体実験で、試行錯誤の繰り返しです。

整形外科医ということで身体のメカニズムには関心がありましたし、元から**「苦しみを楽しみに変える」**のが得意なタイプということもあって、すぐにマラソンにのめり込んでいきました。

そして、運良く初レースでサブ3を、約2年でサブ2・5を達成することができました。「スポーツ経験が豊富だから」「運動神経があったから」と思われるかもしれませんが、この結果には、数値には表れないたくさんの時間と体力、労力をつぎ込んだ自己犠牲、周囲の多大なるサポートが隠れています。

そして、たくさんのランニング障害も経験してきました。人それぞれ合う練習、合わない練習があり、記録の伸びるスピードも当然違います。一概に「こうすれば、二度と怪我をしない」という絶対ルールはありません。しかし、自分自身のランニング経験と多数のランナーの診察、フォーム指導などの経験から導き出した、現時点で私が最適解だと考えている「三つの条件」をお伝えしたいと思います。

①疲労抜き

一つ目はランニング障害を予防するために重要な「疲労抜き」です。ランニングは同一動作の繰り返し運動ですので、同じ箇所にダメージを与えます。それが蓄積して、ある一定以上になるとランニング障害を発症してしまいます。つまり、その対策として、練習で溜まった疲労を抜くこと（休養）と、酷使して壊れた身体をリカバリーさせるための食事（栄養）がとても重要なのです。

私は**「練習・休養・栄養」をトレーニング3本柱として相互のバランスを考えること**をオススメしています。練習強度を上げれば休養と栄養も多く取るべきですし、オフシーズンで練習強度が下がれば、過度な休養と栄養は肥満やパフォーマンス低下へとつながってしまいます。いっぱい走ったらしっかり休んで、しっかり食べて、次の練習に備えるということですね。

②効率的なフォーム

二つ目は「効率的なフォームを身につける」ということです。言葉で言うのは簡単ですが、奥が深く、難しい問題です。

そもそも「効率的」とはどのようなことでしょうか？　マラソンにおける「効率」を簡単に言い換えると「無駄が少なく、疲れにくい」ということです。

この点について説明するために、少し解剖と生体力学の話をしましょう。

人間には速筋と遅筋という2種類の筋肉があります。速筋というのは白っぽい色をしており、瞬発力に優れていますので、短距離の選手で発達しています。逆に遅筋というのは赤っぽい色をしており、持久力に優れていますので、マラソン選手で発達しています。つまり遅筋をうまく利用することが持久系スポーツにおいては有利となります。

人体には600とも言われる筋肉がありますが、その大きさも大小様々です。イメージで構いませんが、小さな筋肉を使うよりも大きな筋肉を使う方が疲れにくいと思いませんか？　たとえば脚の筋肉では、腓腹筋などの小さな筋肉は瞬発力がありますが、持久力はあまりありませんので、腓腹筋を使った地面を蹴るような走り方をしているとすぐに脚が売り切れてしまいます。

逆に大腿の後面にあるハムストリングスや臀部《でんぶ》周囲の大きな筋肉は、ある程度パワーもあり、持久力に優れています。つまりそれらをうまく利用することができれば最後まで脚が持つようになるわけです。それこそまさに効率的なランニングフォームということですね。

肩甲骨と体幹

歩く時には足と同期して自然と腕を振りますが、走ると腕振りが速く、大きくなると思います。腕の根本にある上腕骨は、肩甲骨と関節を作っており、それを介して体幹を構成する脊椎《せきつい》につながっています。

つまり、きちんと腕振りをして推進力エネルギーを作るため、そして得られたエネルギーをしっかりと伝達するための肩甲骨の働きというのがとても大事になってきます。肩甲骨の動きをよく意識して、しっかりと使えるようにすることも効率の良いフォーム作りのポイントとなります。

また、脊椎と骨盤周囲の体幹を安定させることができれば、上肢（肩関節から指まで）と下肢（股関節から脚の指まで）の相互連携がスムースになって無駄が減り、大きな推進力を得ることができるというわけです。

体幹トレーニングもたくさんの種目がありますが、私が実践して大事だと思ったものは4つあり、プランク、リバースプランク、サイドプランク、ダイアゴナルです。なかなか屋外ではできませんので、私は起床後・朝食前と夕食前もしくは就寝前に毎日トータル10分以上行っていました。すぐには結果につながらないこともありますが、3ヶ月経過したあたりから自覚的にはスピード練習時の安定感を実感し、それとともにGPSウォッチでの上下動も少なくなり、左右の接地時間のバランスも整いました（体幹トレーニングの詳細については、第2章で述べます）。

③ギア選び

三つ目は適切なギア選びです。

ギアの中でも、地面と身体をつなぐものである「シューズ・インソール・ソックス（ゲイター含む）」は特に重要で、その中でもシューズは最重要です。

皆さんはどのような基準でシューズ選びをして、何足持っているでしょうか？　デザイン（メーカー）重視の方もいらっしゃるでしょうし、練習毎に違うシューズを履いている方もいるでしょう。

では、買い換えるタイミングはいつ頃でしょうか？　アウトソールがすり減ってから、つま先に穴が開いてから、給料日が来てからなど無数の基準や理由があると思います。

シューズの選び方やギアの活用法などは、後の章で詳述いたしますが、ここでお伝えしておきたいのは**「シューズの本当の寿命は内部にあるクッションがへたった時」**だということです。

クッションの機能が衰えてしまうと、接地から蹴り出しでの衝撃を、足（下肢）を中心として受けることになります。クッションのないシューズで練習を続けていると、知らず知らずのうちにランニング障害になっていきます。

クッションはもちろん外からは見えませんし、日々履いていると、へたってしまったかどうかは、なかなか分かりません。その場合は「５００㎞もしくは半年」を買い換えの目安にするといいでしょう(使用頻度にもよります)。

ランニングシューズは、決して安いものではないですし、「もったいないから」と同じシューズを使い続ける人も多いでしょう。しかし、この「シューズの寿命」が身体に与える影響は決してバカにできません。

私もレース用のシューズをスピード練習用に格下げし、その後雨の日用に使っていたこともありますが、予想通りに足が痛くなりました。もちろん毎日履いていたり、硬いロードやアップダウンのあるトレイルなどを走ったり、雨の日に使っていれば寿命はもっと短くなります。

また、クッションは48時間くらい経たないと機能が元に戻らないと言われており、毎日履かずに１日置きに練習したり、複数のシューズをバランスよく履いてみるというのも有効です。

第2章

「最短で最大」の効果をあげるトレーニングメソッド

効率的なトレーニングの基本原則

トレーニング効果を高める五原則

第2章では、具体的なトレーニング法とメニューの組み立て方について解説していきます。他の人が考えたメニューを受動的に実践するだけでは、高いトレーニング効果は期待できません。「なぜ、その練習をするのか」「マラソンのトレーニングとは、どういうものなのか」をしっかり理解して、自分だけの「最強オーダーメイドトレーニング」を考えてみてください。

まず、トレーニングの効果を最大限高めるために覚えておきたい「五原則」をご紹介します。

それは、**「全面性、個別性、漸《ぜん》進性、意識性、反復性」**の五つです。

全面性とは「偏りなくバランス良く」ということで、普段のジョグを中心に、インターバル走、ペース走、距離走などを組み合わせていくことで、弱点の克服と武器のさらなる強化につなげます。

個別性とは自分のレベル・目的にあった練習を選ぶことです。メディアの情報を鵜呑みにせず、参考程度にとどめ、自分なりの解釈でオーダーメイドにしましょう。

漸進性はレベルアップの具合に合わせて徐々に練習量や負荷を上げていくことです。身の丈にあった練習をするということでは、個別性に近い部分もあります。ランニング障害やオーバートレーニング症候群の予防にもつながります。

意識性とは練習目的を具体化・明確化して、自分の意思で主体的に取り組むことで、効率アップにつながります。たとえば筋トレでは、鍛えている筋肉を意識することで、成長ホルモンが分泌され、効果がアップするという報告もあります。

最後に**反復性**ですが、これは字の如く繰り返しの積み重ねが実力となるということです。レースが近づいてからトレーニングを強化してもなかなか記録にはつながりませんので、普段の練習から高い意識を持ってコツコツ積み上げていきましょう。

練習方法について（集中法と分散法）

練習方法には、大きく分けて2種類あります。

一つ目の**「集中法」**とは、あまり休憩をはさまずに、一つの練習を集中的に行うものです。マラソンで言えばランニングフォームを矯正したい場合などにオススメですが、高い意識とスタミナが必要とされます。

二つ目は**「分散法」**で、練習をいくつかに分けて休憩をこまめにとる方法です。コーチング理論的にはこちらの方が効果が高いと言われています。だらだらした練習を長時間するよりも、課題を明確にして、短時間でピリッと切り上げ、休息を挟んでまた違う課題に臨むというイメージです。

苦手な練習と得意な練習を交互に入れていくのも、とても有効な手段です。苦手な練習で消費した気力を、得意な練習で回復させて、また苦手な練習に向かっていく。途中にご褒美を挟むイメージです。

体力トレーニング（スタミナ）と技術トレーニング（フォーム）は構築方法が異なると言われ

ています。前者は、トレーニングによる負荷後にしっかりとした休息を取ることにより少し時間が経ってから「超回復」という形で効果が現れます。後者は反復練習を徹底的に行い、試行錯誤を繰り返しているとあるタイミング（気づき）で一気に身に付き、そこで得られたイメージを意識することで身体に染み込んでいきます。

簡単にまとめますと、体力トレーニングには莫大な時間と労力がかかるので、根気よく継続していくことが重要ですが、正しいフォームを身につけるような技術トレーニングは「数ヶ月かけてじっくり」という方法では困難を極めます。それよりも１週間くらいの短期間に集中して行うことで、パッと効率的に修得できると考えられています。

つまり、**限られた練習時間の中で、どこに時間を分配するか**ということが効率良くレベルアップするために大切になります。

ターゲットレースまでのスケジュール設定

中長期的な練習設計（期分け）

マラソンのトレーニングでは、**「期分け」**という考えが重要になります。

1年中レースに出続けているのではなく、本命レースまでの〝準備期〟、レースが多く開催される〝試合期〟、その後身体を回復させ、新たな目標に向かって行動を開始する〝移行期〟の三つに分けます。

マラソンでは、〝準備期〟は7〜10月、〝試合期〟は11〜3月、〝移行期〟は4〜6月あたりになります。

昨年までのレースであぶり出した課題、得意・不得意分野や気候への適応能力を考慮しながら、それぞれの期間にやるべきことを具体的に挙げてみましょう。同じような練習内容で何となく過ごしてしまうと、気持ちの切り替えもできずに、あっという間に時間だけが過ぎてしまい、前年からの進歩は期待できません。

移行期では、昨シーズンの高負荷練習やレースの疲労を抜き、反省点を克服するための土台作りをします。移行期から準備期にかけて、徐々にポイント練習（きつい練習）などの実践的な練習を入れていきます。その後の試合期では、トラックや10㎞・ハーフマラソンなどで〝レース勘〟を養っていき、本命レースに向けてコンディションを整えていきます。さらに細かく３ヶ月、１ヶ月、２週間毎に短期到達目標を設定し、疲労度を測りながら次の「期」に向けて小さな修正を加えていくと尚良いでしょう。

私の練習スケジュール

ご参考までに、私の期分けをご紹介しましょう。４月から６月の移行期は走りやすい気候ですので、土台を作るような長めの距離走を入れます。夏以降の練習に耐えられる脚をつくるための期間です。

７月から９月は気温と湿度が上がり、熱中症の危険性も高まりますので、短時間でスパッと終えるスピード練習を中心にします。いわゆる「インターバル走」や「レペティション走」というものです（詳細は後述します）。春に培った土台をもとに、脚と心肺機能を鍛え、スピードを養います。この時期には、涼しい準高地や日陰の多い低山でのトレイルランもオススメです。

10月に入り、涼しくなってきたら少しずつ試合期の準備を始め、11月はレースに向けて速めのペース走で仕上げていきます。ハーフマラソンや10㎞レースで刺激を入れるのもいいでしょう。

ずっと同じような内容の練習をしていると身体も慣れて、成長スピードが遅くなってしまいますし、涼しい4月には最適だったメニューが真夏の8月にはきつすぎるということにもなります。適材適所という言葉があるように、気候やメインレースまでの時間に応じた練習設計が大切になります。

ターゲットレースから逆算して、それぞれの期ごとにしっかりと目標を設定しましょう。

短期的な練習設計（週〜日単位）

ポイント練習

現代のマラソントレーニングでは**「ポイント練習」**を軸に週間メニューを組み立てることが一般的です。

ポイント練習とは、簡単に言うと、きつい練習メニューのことです。スピード練習で身体に強い負荷をかけることで、レベルアップを図ることを目的としています。

たとえば、自己ベスト3時間15分の方が、次のシーズンでサブ3達成を目指すとします。サブ3を達成するには単純計算で1㎞あたり4分15秒のペースで42・195㎞を走り続ける必要がありますが、普段のジョグで、このペースを維持することは困難です。数㎞は走れても、次第にへばってしまうでしょう。練習でできないことは、もちろんレースでもできません。

そこで1週間に2回程度、負荷の高いポイント練習を行い、スピードや距離に対する〝慣れ〟を養う必要が出てきます。たとえば1000m×7本のインターバルトレーニングでは、1㎞あたり3分35秒〜40秒、12000mのペース走では、1㎞あたり3分55秒〜4分という設定で行います。

ポイント練習は、多ければよいというものではありません。そもそも負荷をかけることが目的なので、当然、身体へのダメージも大きくなります。

経験上、週3回では疲労感が抜けないことと、強度が上げきれずに中途半端になることから、週2回程度がオススメです。

ベース練習（ジョグ）

前述したように、高負荷のポイント練習は、毎日続けることはできません。しかし、週2回しか走らないのでは、なかなか走力も向上しません。そこで、必要になるのが「ベース練習（ジョグ）」です。「つなぎ」と呼ぶ方もいます。

週2回のポイント練習と、週末の距離走を軸に、間をジョグなどの軽めのベース練習で

つないでいくというのが基本的な考え方となります。疲労を溜めずにポイント練習に集中して取り組むために、必ず1～2日は休養に充てるようにしましょう。

ベース練習は、「毎日ストレスを感じずに、疲労を溜めずに、継続できるもの」であることが大事です。

この練習の設定は、現状のレベルや目指すところにより変わってきますが、慣れるまでは30分くらいのジョグから始めましょう。ペースについては、充実感や疲労感を見ながら徐々に強度を上げていきましょう。とはいえ、あくまで疲労を溜めない範囲ですので、上げすぎ厳禁。もし、ポイント練習の疲労が抜けていない場合は、早めに切り上げてもかまいません。

「今日は10㎞走ろう」と距離を設定してしまうと、つい無理してゴールまで走ろうとしてしまうので「時間」を基準にするのもいいでしょう。「少し脚が重いな、疲労が残っているかもしれない」と感じたらペースをぐっと落とし、設定した時間がきたら、コースの途中で切り上げます。ちなみに、私はコンディションに応じて60～80分で設定しています。

疲労抜きのベース練習とはいえ、目標を設定することは大切です。たとえば時計を見ないで一定のペースで走るように意識して、ペース感覚を養ったり、ピッチを広めたり狭めたりして、楽に走れて上下動の少ないフォームを模索したりします。「足を止めないようにしよう」「止まらずに給水する練習をしよう」など、自分なりの目標でも十分でしょう。

ペース練習は切り上げ方も重要です。昨日の練習は今日の練習と、今日の練習は明日の練習と密接につながっています。疲労を溜めないことはもちろんですが、ゆっくりとしたジョグをしていると自然とフォームがコンパクトになって関節の可動域が狭くなりますので、最後に50mくらいの速めの流しを1~2本入れてダイナミックなフォームに戻すことで、翌日以降のポイント練習に備えることができます。また一時的に心拍数も上がり、〝追い込めた感〟という名の充実度も上がります。

トレーニングの種類

マラソンの練習といっても、ただダラダラと長距離を走るだけでは、なかなか成長できません。これまで先人たちが積み上げてきた蓄積があり、様々な練習法が確立されています。それぞれの練習法には、それぞれの目的と効能があります。ご自身の走力や弱点強化のために、適宜取り入れてみてください。

ジョグ（目的：ベースの構築、フォームや接地感覚のチェック、疲労抜き）

ジョグについては前項でもご紹介しましたが、マラソンの練習は**「ジョグに始まり、ジョグに終わる」**と言っても過言ではないほど重要なもの。その重要性を痛感したエピソードがあります。

私はニューイヤー駅伝にも出場した実業団のチームドクターをしていたこともあります

し、別の実業団の合宿に参加させていただいた経験もあります。

トップ選手は特殊な練習やスピード練習ばかりをしているようなイメージがありますが、決してそんなことはありません。確かにポイント練習の設定ペースはかなり速いですが、練習メニューそのものが特殊というわけではないのです。

それ以上に印象に残っているのは、彼らが**ジョグひとつとっても、丁寧に取り組んでいたこと**です。私でも十分についていけるようなゆったりとしたペースで、接地の感覚やフォームを常にチェックしていました。

ポイント練習や距離走などで疲労が溜まると、どうしても左右のバランスが悪くなったり、変なところに力の入ったフォームになってしまいますので、しっかりと修正をして次の練習に備えています。練習を継続していく上で大切な〝怪我をしにくい身体を作る〟ということにもつながるのです。基礎であるジョグも、決しておろそかにしないこと。それこそが、彼らをトップ選手たらしめている理由なのだと感じました。

他にもレベルの高い選手を見ていて痛感したことがあります。それは、優れた選手であればあるほど、**食事や休養、睡眠、マッサージ（身体のケア）などの自己管理や、ウォーミングアップ・クーリングダウンを含めた基本的な練習を大事にしている**ということです。

いずれ使い捨てになってしまうシューズを丁寧に扱っていたのも印象的です。周囲に注目されているからというのもあるかもしれませんが、昔から基本的な物事を大切にしていたからこそ実力が伴い、今の成績が残せるようになったのだと思います。

走るのは自分自身ですが、シューズ、ソックス、ゲイター、パンツ、シャツ、サングラス、キャップ、補給食など、身につけているものはレース中に自分を守ってくれます。普段から愛着を持つことで、きつい場面で背中を押してくれるはずです。

インターバル走（目的：心肺刺激とスピードの慣れ）

インターバル走とは一定の距離を速めのスピードで走り、少し間合い（インターバル）を入れて、また同じ距離を速めに走るというのを繰り返す練習法です。

オススメは４００ｍの陸上トラックを使用し、１０００ｍを速く走り、２００ｍをジョグでつなぐというのを8～10本くらい繰り返すものです。

４００ｍのトラックを2周半して１０００ｍ、そしてジョグで２００ｍつなげばスタート地点に戻って2本目をリスタートすることができます。よりスピードを強化するために４００ｍ×◯本（つなぎ１００ｍ）で代用する方法もありますが、マラソンという競技特性

を考える と1000mがおすすめです。

インターバル走は、個人にも開放されている陸上競技場のトラックを利用するのがベストです。 硬い舗装路でのインターバル走は、身体への負荷も高いので、少し遠出してでも柔らかいトラックで行うのが理想的でしょう。

どうしても近場にそういった施設がない場合は、安全性に十分配慮した上で舗装路でもよいと思いますが、見通しの悪いカーブや段差、歩行者には十分注意してください。

ペース設定は、レベルにもよりますが、フルマラソンの目標ペースから1㎞あたり30秒くらい速いペースです。心肺刺激とスピードへの慣れが目的です。きっちりと事前に決めた本数をこなすことで自信がつきます。一人では難しい場合にはレベルの合ったランナーと一緒に行いましょう。

レペティション走（目的：心肺刺激とスピードの慣れ）

もっと長い距離では「レペティション走」という練習法があります。これは速いスピードで走り、間に15～20分くらいの休息を挟み、3本くらい走る方法です。間はしっかり休み、完全にリフレッシュした状態で1本1本集中して行うのがポイントです。

インターバル走はある程度心拍数の上がった状態で走り続けますので、きつくなってから粘るというスピード持久力が鍛えられます。レペティション走は間に完全休息を挟みますので、余力を残して守ることなく1本1本完全に出し切ることができ、**絶対的なスピード強化**に結びつきます。またスタートしてからアクセル全開で短時間にトップスピードに近い状態に上げていきますので、一気に心拍数も上がり、より心肺機能が強化されます。

ペース走（目的：「スピード持久力」の養成）

もう一つ、マラソンに有効な練習法にペース走があります。これはレースペースよりも1㎞あたり10秒くらい速いペースで、走力に応じて10～20㎞程度走ります。

このトレーニングでは一定のペースで押していくというマラソンに大切な**「スピード持久力」**を養います。設定ペースをしっかりと守り、余力を残しつつ、きつくなってからも我慢して粘りましょう。インターバル走と同様に一人ではきつすぎるという場合には複数で走ったり、練習会や大会を利用するのも良いでしょう。

距離走、またはＬＳＤ（目的：持久力の強化）

他には距離走というものがあります（ロング走とする場合もあります）。その名の通り長い時間、長い距離を走るというものです。目安としてはレースペースよりも1分〜1分30秒くらい遅いペースで2〜3時間程度走ります。ＬＳＤ（ロングスローディスタンス）ともいい、ゆったりとしたペースで走ることでマラソンに必要な筋肉の安定感や足の毛細血管が発達し、持久力が強化されます。時間や距離に耐性をつけ、メンタルを強化するという側面もあります。脱水や熱中症、低体温には十分に注意し、途中での補給は必須です。

月１タイムトライアル（目的：成長実感とモチベーション維持）

練習をしていて「果たして速くなっているのか」、「この練習でいいのだろうか」と不安になることもあるでしょう。練習の効果を知りたい、と思うのは自然なことです。

毎年同じレースに参加すれば、ある程度同じ気候条件で、記録を比較することで成長が実感できます。私はもう少し早く評価したいと思い、月に一度、時間を合わせて可能な限り同じ条件で一人タイムトライアルをしていました。

まず、信号などで止まることのない安全なコースを設定しましょう。距離は長くても10㎞で十分で、オススメはサイクリングコースや湖や沼の周回コースです。1㎞毎のペース、心拍数の変化、トライアル中の心肺の自覚的なきつさ、トライアル後の疲労感などを比較することで変化を感じ取ることができるでしょう。短期目標に設定してもモチベーション高く、日々のトレーニングに取り組めますね。

準高地トレーニング（目的：夏場での高負荷練習）

夏場の暑い時期には練習効率が落ちるため、標高の高い、涼しいところでトレーニングできれば理想的です。国内で標高の高いところといえば富士山山頂ですが、そこまでいくと酸素が少なく危険を伴います。そこで1500～2000ｍくらいの準高地をオススメします。平地よりも5度以上気温が下がり、快適にトレーニングできます。簡単かつマイルドにした低酸素トレーニングというイメージで、関東近辺では菅平高原や飛騨御嶽高原を利用する実業団選手も多くいます。トラックやクロカンコースなどが併設されていればバリエーションに富んだトレーニングができますね。

クロストレーニング

マラソンランナーは、私を含めて「毎日でも走りたい」というストイックな人が多い傾向にあります。本書を読んでおられる皆さんも、お仲間なのではないでしょうか？

しかし、十分な休養を取らないまま練習をしていると、疲労が抜けなくなり、メンタルも低下してしまうオーバートレーニング症候群になったり、同じ筋肉を使い続けて慢性腱炎や疲労骨折などのランニング障害を引き起こす可能性も高くなります。

週に1日はマッサージやストレッチ程度の完全休養に充て、もう1日は舗装路以外の練習「クロストレーニング」をオススメします。

主に、**筋力トレーニング**、**ウォーキング**、**トレッドミル（ランニングマシン）**、**スイミング**、**エアロバイクや自転車**などです。自転車以外は全て屋内でできますので、雨の日や暑い日、寒い日にもモチベーションを下げずに気軽にできますね。

クロストレーニングのチョイスは、それぞれの好みでいいのですが、私は通勤にも使える自転車に乗っていました。時間の有効活用もできて一石二鳥です。自転車やエアロバイクは負荷を軽くして回転数（ケイデンス）を上げることで、脚の運びもスムースになり、短時間に心拍数を上昇させることはマラソンにも応用できます。また、ペダルをつま先で漕げばふくらはぎが鍛えられますし、踵《かかと》で漕げばハムストリングスが鍛えられます。

ジムなどでトレッドミルを利用する場合にはポイントがあります。通常のトレッドミルは走るベルトが回転していますので、ただ足を浮かせれば距離を稼ぐことができます。一見走っているように思えてしまいますが、実はしっかりと接地して地面を押して前に進んでいくという練習にはなりません。

また、時間やスピードは考えて設定していると思いますが、傾斜はどうでしょう？　何も考えずに平坦なままトレーニングをしている人が多いのではないでしょうか。**傾斜を2〜3％**つけることでトレーニング効率が上がります。こうすることで地面を蹴らずにしっかりと捉えるようなフォームになり、ロードで走っている感覚により近くなります。最近は自分でベルトを回す自走式トレッドミルもあり、これはかなり実戦に近いフォームで走れますので、フォームチェックに利用しても良いでしょう。

これらはあくまで疲労抜きですので無理のない範囲で行いましょう。

トレイルラン、クロスカントリー、タータン、峠走（効果：脚の総合強化など）

皆さんは普段どのような走路を走ることが多いでしょうか？

当然ロード（コンクリート舗装路）というランナーが圧倒的多数でしょう。ロードなら家を出たらすぐにスタートできますし、そもそもそれ以外が近くにないというのが理由です。

ここでランニング障害を引き起こす脚への負担という観点から考えてみましょう。

走ることができる地面にはロード以外にも、様々な種類があります。**負担が少ない順に「芝生、土、タータン、ロード」**となるでしょう（タータンとは、陸上トラックなどで使用されているウレタンのことです）。「脚への負担が大きい」というのは、要するに「硬い」ということ。硬いロードは地面からの反発が得られるため、スピードが出しやすいですが、その分衝撃も大きいということになります。

逆に柔らかい芝生（クロスカントリー）は衝撃が小さく、疲労抜きやリラクゼーションに利用できます。また反発が少ないために自分でしっかりと地面を押さないと前に進みませんので、フォーム作りにも利用できます。

土やタータンのトラックは、周回コースを利用すれば、インターバル走などのトレーニングがやりやすくなります。

夏の暑い時期には、涼しいところでトレイルランや峠走をしているランナーも多いと思いますが、こちらはアップダウンを繰り返すことで、マラソンに必要な脚を総合的に鍛えることができ、特にトレイルなど足場の安定しない場所を走れば身体を安定させる体幹を鍛えることもできます（転倒やコースアウトには十分に注意しましょう。またコンビニエンスストアや自動販売機がないことも多いので、自分で十分な補給を持っていくようにしましょう）。

ラダー、縄跳び、ボックスジャンプ（効果：敏捷性のアップ）

他に、クロストレーニングとしてオススメするのが、ラダーやマーカーを利用したアジリティートレーニングです。私はこれを導入してから、股関節以下の連動性が高まり、脚の回転が良くなったことを実感しました。縄跳びやボックスジャンプも俊敏性や瞬発力を鍛えることができます。一見マラソンには通じないようなトレーニングにも弱点克服のためのヒントが隠れていますし、小学校以来の縄跳びは気分転換にも効果がありました。

ランナーに筋トレは必要か？

「ランニングに必要な筋肉は、ランニングによって鍛えられる」

これは部分的には正解です。「部分的には」と書いたのは、総合的に無駄な部分がそぎ落とされ、必要なものが残るという意味では大正解ですが、**走っているだけでは十分に鍛えられない筋肉もたくさんある**からです。その一つに体幹筋があります。これは身体の根幹をなす脊椎周り、骨盤周りの筋肉の総称です。深部にある筋肉ですので、意識しながらポイントを絞って刺激する必要があります。

体幹トレーニングもここ数年で有名になり、種類も数え切れないほどあります。その中でも私が一通り試した中で、安定した効率的なフォームを作るために大切だと考えている体幹と股関節周囲の筋力トレーニング法をお教えします。

安定と効率を生む筋トレ法

股関節外転筋（中臀筋《ちゅうでん》）

股関節を外側に開く時に使う筋肉です。中臀筋が弱いと、片脚立位の際に骨盤が反対側に傾いてしまい、バランスが悪くなり、それを補おうと上半身への負担が増え、エネルギーロスにつながります。

この筋肉は、横向きになって脚の外側の面を天井に向かって上げることで鍛えられます（60ページのイラスト参照）。ポイントは膝関節を完全に伸ばすこと、体が天井向きに開かないようにすることです。下腿部と足部を内旋（内側にひねり、足の指を下に向ける）することで解決します。

余力があれば股関節を後方に伸展して行うと、最重要の後部線維というものを重点的に鍛えることができますので、さらに上を目指して挑戦してみてください。

どの筋トレにも共通することですが、ゆっくりと反動を使わずに上げ、これ以上上げられないところまで行ったらすぐに下ろさずに5秒間静止し、上げる時よりもさらにゆっくり下ろします。医学的には遠心性収縮と呼ばれ、筋肉は伸ばされながら収縮していきますので、より高い負荷がかけられます。

股関節内転筋

股関節を内側に閉じる時に使う筋肉で、外転筋である中臀筋と対になります。このように鍛えたい筋肉の反対の役目のある拮抗筋を鍛えることも筋トレでは重要なポイントですね。椅子に座った状態で40㎝くらいのバランスボールを膝の間に挟んで、それを潰すようにゆっくりと膝を閉じます。これ以上潰れなくなったところで5秒以上我慢しましょう。ゆっくりとボールが落ちないように注意しながら元の姿勢に戻ります。筋トレでは鍛えている筋肉に意識を集中すること自体も効率を高めます。

股関節外旋筋（大臀筋）

これは説明が少し難しいのですが、横向きになって足部をくっつけた状態で膝を天井方向に上げていくトレーニングです。膝は90度くらい曲げて行います。膝の5㎝くらい上にゴムバンドのようなものを巻いて両脚をまとめ、それを伸ばすようにすると分かりやすいでしょうか。お尻の筋肉を実際に触って、硬くなっているのを確認しましょう。そうすることで、きちんとターゲットとした筋肉が鍛えられているかという確認ができますし、そこに意識を集中させることにもなりますので、効果倍増です。

足趾（足の指）の筋肉

足の指をうまく使えるようになると地面を捉える力が向上します。また、足部に三つあるアーチ（横・内側縦・外側縦アーチ）を保つ（強度の高い練習や疲労により潰れてしまったのを元に戻す）役目もあります。「タオルギャザー」という足趾でタオルを手繰り寄せる地味なトレーニングですが、長期的な効果が期待できます。私は半信半疑でしたが、実際に半年を過ぎた頃から**疲労が残りにくくなり、足底腱膜炎という足の裏の痛みも改善**していきました。タオルを濡らすとしっかりと手繰り寄せることができ、端に５００mlペットボトルを重りとして置くと負荷の調節もできます。

私が厳選した体幹トレ

様々なスポーツで重要と考えられている「体の芯」を鍛えるためのものです。中心のコアの部分にありますので、触れることが難しく、意識もしづらいです。

股関節外転筋

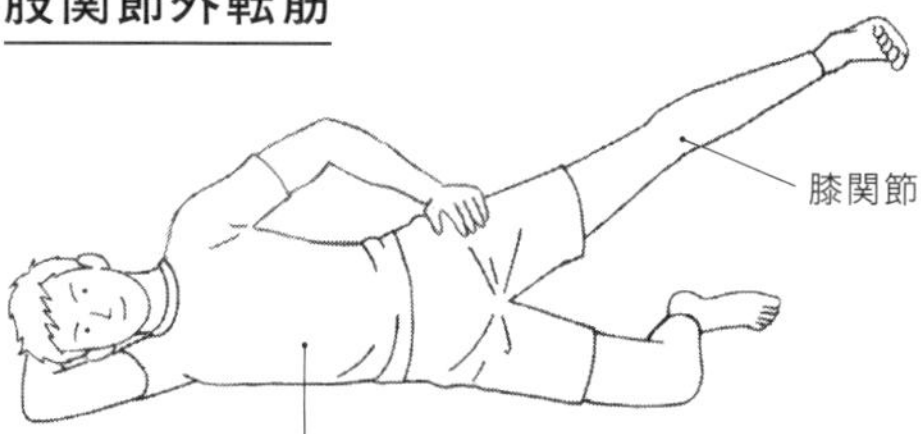
膝関節を完全に伸ばす
体が天井向きに開かないように

股関節内転筋

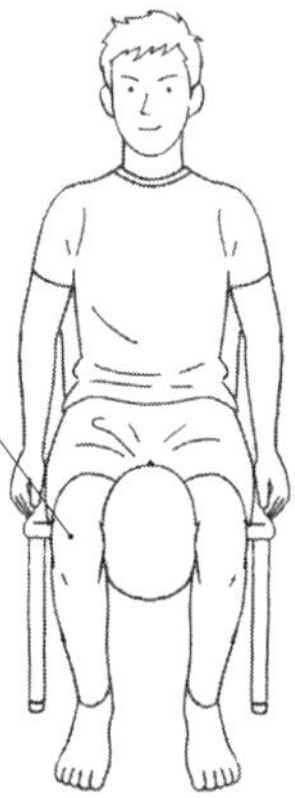
バランスボールを潰すよ
うにゆっくりと膝を閉じる

股関節外旋筋

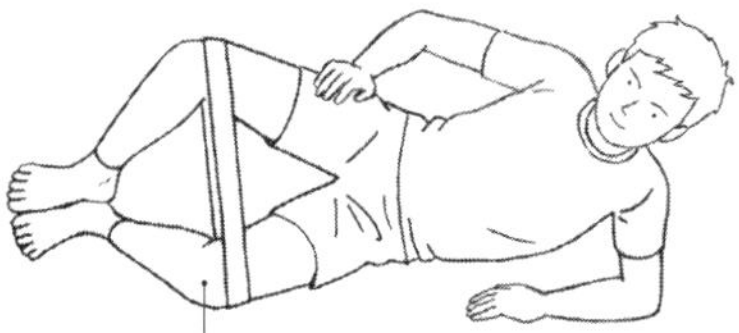
膝を90度に曲げる

足趾の筋肉

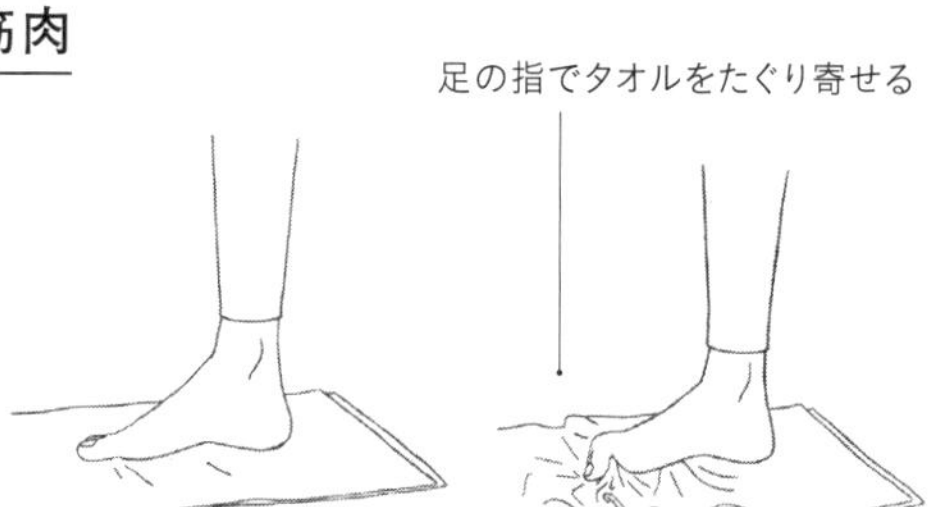

ここで大切になるのは、「いかに動かず、正しい姿勢をしっかりキープできるか」ということです。数十種類ありますが、私はほぼ全てを実践し、誰でも一人で簡易にできて、効果の感じられた四つを厳選しました。結果的にはシンプルな基本形が残りました。

プランク

両前腕とつま先のみを地面につけて、それで身体を支えるトレーニングです。腹筋と背筋のあいだ（丹田）に力を入れて、頭の先から足まで一直線に棒のようにするというのが大事です（64ページのイラスト参照）。

私は丹田（へその下）から腸腰筋を通る大腿四頭筋にかけてのラインに力を入れるように工夫していました。

きつくなってきた際には、背筋や背骨周りの脊柱起立筋をしっかりと利かせないと腰が下に落ちてきてしまいますし、疲労が溜まってくると腰を持ち上げることで代償動作が入ってしまいますので、「真っ直ぐ」が合言葉です。２分以上安定して姿勢が保てるようになったら、片足を浮かせたりするとバランスが崩れ、難易度の高いより実践的な形でトレーニングできます。

リバースプランク

これは文字通りプランクを逆さにしたトレーニングです。仰向けの状態で両前腕と踵のみを地面につけて、身体を支えます。ポイントはプランクと同様ですが、姿勢を気にしすぎてしまうと、どうしても頭が上がり、後方凸になりやすいですので気をつけましょう。

私は、大臀筋からハムストリングスにかけて硬くなっているのを感じながら姿勢を保持していました。横に大きな鏡があると体勢を崩さずに目線だけでラインを確認できますのでオススメです。プランクもリバースプランクも、可能な限り前腕で支える意識を捨てるようにしましょう。剣山のようなものが前腕の下に敷いてあるようなイメージですね。

サイドプランク

これはそれぞれ右前腕と右足外側、左前腕と左足外側で身体を支えるトレーニングです。小学校の時に組体操をされた経験のある方であれば「扇」の両端の人のような形です。利き手でない側が下になった時は保持が大変です。腹斜筋はもちろん肋間筋という呼吸に大切な筋肉も刺激できます。ゆっくりと深呼吸をしながら肋骨の間がストレッチされているのを意識してください。

私はこのトレーニングを導入してから猫背が改善されたこともあり、より正しい姿勢で楽に呼吸ができるようになりました。通常の筋トレでは鍛えるのが難しいですが、上半身の姿勢保持と安定化、呼吸筋としての酸素化効率の増加に重要な役割を果たしていますので、まさに隠れたマラソン筋ですね。

ダイアゴナル

英語では斜めという意味ですが、四つん這いの状態から、右上肢と左下肢、左上肢と右下肢をそれぞれ前後に伸ばし、対角線でのバランスをとるトレーニングです。ポイントはいかに地面と水平に手足の先まで伸ばせるかというところです。走る際にも右上肢と左下肢、左上肢と右下肢が同じタイミングで前に出ますので、脳が賦活化し、ダイナミックに連動性を高めることができます。

プランク

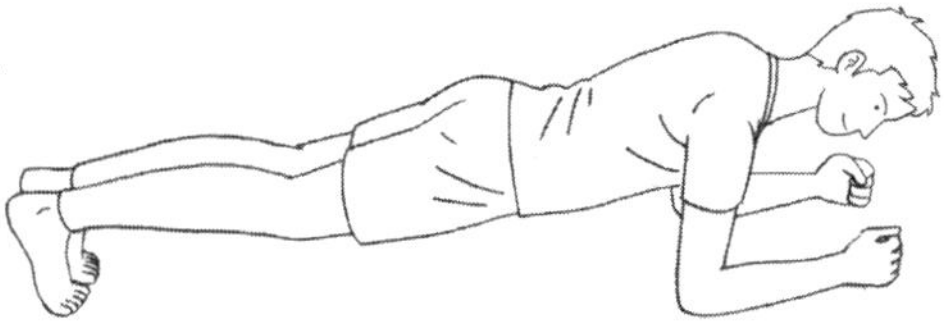

リバースプランク

サイドプランク

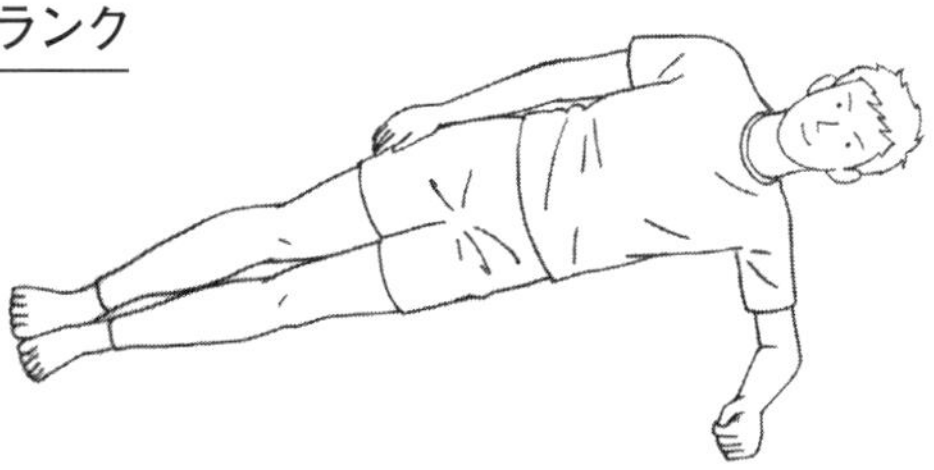

ダイアゴナル

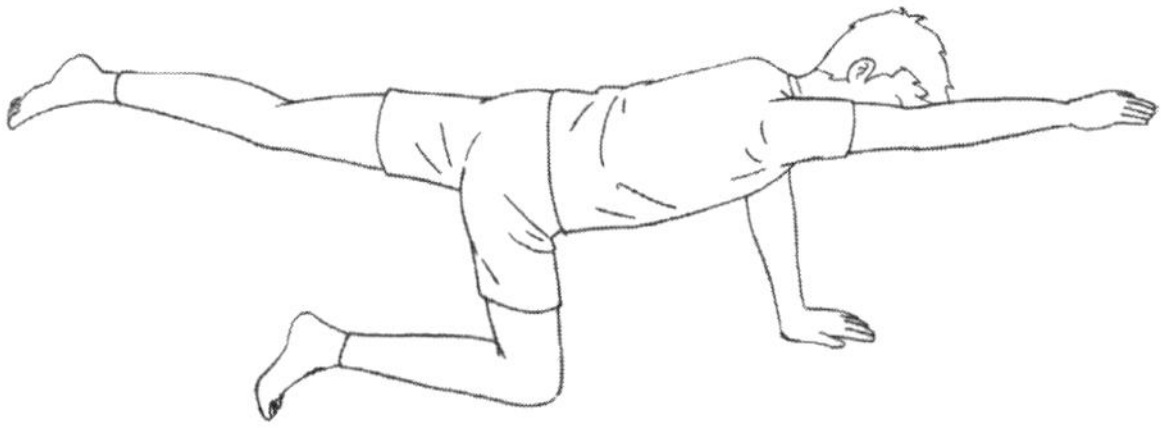

練習効果を最大化するコツ

練習メニューは当日に決定する

練習に目的意識を持つことは大切ですが、事前に練習スケジュールをガチガチに固めてしまうのはオススメしません。何日も前から「よし、来週の水曜日はポイント練習として○○をしよう」と決めつけてしまうと、急な用事が入った時に対応しづらくなってしまいます。もし前日火曜日に残業が発生し、疲労が溜まった状態で臨んだら、質の高い練習ができないかもしれません。

ポイント練習は強度が高く、体調が万全でないと故障や疲労蓄積に直結しますので、慎重に考えましょう。私のオススメは、**その日の朝起きて、心拍数や疲労感を踏まえてから決める**ことです。そうすることで無理のない範囲、かつ楽すぎない最適な強度で練習を組み立てることができます。

「毎週水曜日と土曜日をポイント練習の日にする！」などと決めつけず、体調に応じて柔軟に調整しましょう。**「体調の整ったタイミングで週2回ポイント練習をすることだけ決めて、曜日は都合に応じて決める」**といったざっくりとした形でもよいでしょう。

ポイント練習の入れ方

前述したように、ポイント練習は1週間に2回をオススメします。1回では少なすぎますし、3回では疲労回復が追いつかないために多すぎると思います。

「超回復」についてご存じの方は多いでしょう。「24〜48時間の休息により疲労が抜けて身体が強くなっていく」という仕組みですが、この観点から、ポイント練習の間は最低1日は空けるようにしましょう。

ポイント練習は、レースよりも速いペースを体験しておくことで、心肺機能やスピード持久力の閾値《いき》を上げ、〝今までよりも楽に〟レース運びをできるようにするためのものです。つまり、ベース練習で基盤を作るのとは違い、**自分の弱点を克服するための練習**と言い換えることもできます。

マラソンに必要な能力は、一言で言えば、ある程度の速さを持続する**スピード持久力**です。自分の目標達成のためには、そもそも絶対的なスピードが足りないのか、それとも持久力が足りないのかを把握し、その弱点を克服できるようなメニューを考えます。

前者には「ゆっくりならフルを走れる持久力はあるが、少しスピードを上げるだけですぐに苦しくなってしまうランナー」が該当します。

後者には「スピードはあるが、10㎞くらいしか維持できないランナー」が該当します。

私は陸上経験がなく、スタミナ型のテニスプレーヤーでしたので、前者の状態でした。過去に陸上経験があるランナーは、心肺がスピードに対応できていれば後者ということになります。どちらも不足していれば、当然、両方鍛える必要があります。

ポイント練習というのは、ベースとなる普段のジョグでは経験できない刺激を心肺や身体に与えるためのものですので、怪我をする危険性も高くなります。また、弱点を克服するための練習ですので、好きな練習ばかりというわけにはいかず、嫌いな練習をする機会も多くなります。

「やりたくないな」というようなマイナスのイメージではなく、強くなるためにも**「この**

練習は絶対に必要な練習だ」といったプラスのイメージを持って、モチベーション高く取り組むことで効果も上がります。歯を食いしばって何とかきつい練習をこなせた時の達成感こそが、気分を爽快にし、レベルアップにつながる鍵になるのです。

そのため、スピードや距離を掛け合わせたメリハリのある強度設定や、休息時間がとても大切になります。楽すぎてもダメで、かといってきつすぎてもダメです。

マラソンのような持久系競技において、**パフォーマンスアップのための目標設定強度としては、心理学的には成功する確率が50％（五分五分）に近いこと**が推奨されています。簡単過ぎても成長は見込めず、難しすぎても自信を失うということです。この絶妙なバランスでの目標設定が効率的なレベルアップにつながります。はじめのうちは数人で行い、ペース走であれば引っ張ってもらいながら、ついていけるところまでついていき、どうしてもきつくなったら短時間の休息を挟んで、再度合流するという方法もありでしょう。

インターバル走であれば1本おきにしてみたりする方法もあります。ただ、休息が長すぎたり、すぐに離脱してしまったり、本数が極端に少なすぎる場合には、効果が半減してしまいます。体調や疲労感により、毎回同じメニューでも自覚的な練習強度は異なりますので、設定が適切かどうかということを常に考え、必要があれば修正してみるという柔軟性を持ちましょう。

私が実践していたポイント練習

私が実践していたポイント練習は、主にインターバル走とペース走の2種類で、強度の設定を変えることで無限のトレーニング方法（楽しみ方？）があります。

インターバル走は１０００ｍを８本もしくは10本、ペース走は８０００ｍか１２０００ｍと極めて単純です。どちらも平坦かつ安全で、ラップの取りやすい陸上トラックを使用しておりました。

ペースを簡素化することで、当日の疲労感を考慮して設定タイムを決めるだけで練習が成立します。

ここで重視すべきは**「1回1回の練習で力を出し切る」ことが自信やメンタルの強化につながる**ということです。何とかクリアできそうなタイム設定にするということももちろん大切ですが、私は最後の１０００ｍを全力で走りきるということを心掛けていました。

インターバル走であれば最後の１本、ペース走であればラスト１㎞フリーという設定ですね。

レースでゴールが見えるとスパートできるのと同じで、練習も終わりに近づいて設定したゴールがイメージできるようになると、たとえ脚に疲労が溜まっていても思っている以上の力が発揮できるものです。

ここまででも十分に効果はありますが、私はもう一つ裏技を使って、自分を追い込んでいました。この技を導入して速くなった実感がありますので、ご紹介いたします。

それは、名付けて**エクストラロード法**です。何のことか分からないと思いますので、具体例を交えて説明いたします。

たとえば「１０００ｍ、３分10秒（つなぎ２００ｍ）のインターバル走を８本」というメニューを考えたとします。次に、設定通りに３分８～10秒くらいで７本走ります。先ほど提案しましたように、ラスト１本を３分０～５秒くらいで全力を出し切ります。

エクストラロード法とは、そこで練習を終わらせるのではなく、２００ｍジョグでつないでさらにもう１本全力で走るというものです。

「それって、１０００ｍ、９本のインターバル走と同じことでは？」と疑問に思うでしょう。

この二つの練習方法が大きく異なる点は、一度８本と決めて集中し、最後の１本ですべてを出し切り、メンタルをリセットしてから、さらに追加（エクストラ）で負荷（ロード）をかけるというものです。

ここで重要なのは「8本目を走る時にもう1本残っていると思わないようにする」という思考の変換です。人間は一度終わったと思うと、ホッとして心と身体を安静モードに切り換えますので脚が急に重くなります。その状態でもうひと頑張りするのです。

ペース走でも同様です。たとえば「3分20秒で10000m」と決めてスタートします。9000mまで設定通りに刻み、ラストの1000mを3分0〜5秒くらいで上がります。そこでリセットしつつも、練習は終わりにせず、2000mを追加します。言うまでもなく本当にきついですが、同じような設定で同じ距離を走るようでも、ちょっとした思考の変換によって大きな成果が得られました。

もう一つ、ペース走によく似た練習として実践し、有効であったのは**「変化走」**です。速めのペースで走って、途中で若干ペースを落として走り、最後にまた上げるというものです。

ワールドマラソンメジャーズやオリンピックなどのレースでは、入賞やメダルを狙う際に意図的なペースの上げ下げが行われますが、我々市民ランナーではあまりありませんね。むしろ無駄に脚を使ってしまうことにもなりかねません。

では、このような練習がなぜ効果的だったのでしょうか？　まず初めに速いペースを経験しておくと、心拍数が上がり、脚もきつい状態になります。そこで少しだけ（大切なのは落としすぎないこと）ペースを落とすと、まあまあ速いペースであるにもかかわらず、身体の準備ができているので楽に走ることができます。ラストはまたペースアップしますが、一度ペースを落としているので最後まで走り切ることができます。

この〝休んでいるような錯覚〟こそが、ペース感を養いながら速いペースに慣れていく鍵になるのです。

「ちょっとした考え方の工夫によって、脳を騙して効率を上げる」

これが私の練習法の特徴の一つです。練習にメリハリが生まれ、いつでも新鮮な気持ちで追い込む練習ができます。　フィジカル面だけでなく、メンタル面も含めて、自分なりの練習メニューを組み立ててください。

セット練習

これは、文字通り二つの練習を1セットとしてメニューを組み立てることで、一般的には連続した二日間で行うことになります。

たとえば「一日目に速めのペース走をして、二日目にゆったりとしたロングジョグで気分をリフレッシュしながら筋肉をリラックスさせる」といったものです。強度的には「強から弱」となり、元気な時にきつめの練習をすることになりますので、気持ち的にも楽に集中して取り組むことができます。

初めに嫌い（苦手）なものを食べてしまった方が後々楽ですよね。でもひねくれ者の私は、最後に好物（きつい練習）を残してセット練習を組み立てることが多かったです。

私のセット練習は、一日目に疲労した重い脚を作っておき、二日目には心も身体も文字通り重い状態で負荷の高い練習をするというものです。仕事があるので平日は無理、週末も二日続けて練習できるのは一ヶ月に一回か多くても二回しかありませんでしたので、一度のセット練習での負荷を高めたかったのです。

設定を間違えてしまうと怪我につながりますので、初めは強度の高い練習から低い練習へという流れがオススメです。その場合、二日目のペースは、一日目よりも5〜10秒遅い設定で行っていました。

比較的時間の取れる週末には距離を走ることも大事ですので、多少設定を落としてでもしっかりと決めた距離を走り切りましょう。ペースを落とさない短い距離の練習というのは時間のない平日でもできます。

長期の休みが取れる方であれば、合宿などで三日間や四日間のセット練習を組むこともできますし、土曜日にしっかりとした練習をして意図的に重い脚を作って、日曜日にレースに出場してセット練習とするのも良い方法です。疲労は溜まっているはずですが、自分の経験では意外と好記録が出ます。「言い訳もできるし、ダメ元で」という気持ちで、かえってリラックスできるのかもしれませんね。

練習としてのレース参加

皆さんが自己ベストを狙うレースは年間何本くらいあるでしょうか？

毎回ベストを狙っているランナーもいるでしょうし、1本にかけているランナーもいるでしょう。ちなみに、私は12月の福岡国際マラソンと、3月のびわ湖毎日マラソンをターゲットにしていました。その理由は、参加資格が限られているためランナー数が少なく、自分のペースに近いランナーが多くいるためです。やはり、同じくらいのレベルの集団でレースを運ぶというのは理想的だと思います。

ただし、この他にも、一年間にウルトラ1～2本、フル5～6本、ハーフ以下10～15本程度のレースを走っていました。

「仕事や家庭の都合で、レースは年1本が限界」という方もいらっしゃるかもしれませんが、そうでなければ、ターゲットレースの前に、何本かレースに参加しておくことをオススメします。

私が最重要だと思っていることの一つは、普段のトレーニングや練習レースの中で**「想定外のことをいかに想定内にできるか」**ということで、これがレースで安定した結果を残せるかどうかを左右する鍵となります。自己ベストを狙うターゲットレースで起こり得るトラブルは、事前にレースで経験しておくのが一番です。

新しいウェアや補給食を試してみたり、アップダウンの走り方を確認してみたり、高低図を見てペース配分や走りのイメージを事前準備しておきましょう。急に雨が降ったり、風が強くなったり、脚が攣《つ》ったり、脇腹が痛くなったり、足に肉刺《まめ》ができたり、給水ができなかったりなど、マラソンでは何が起こるか分かりません。

自然現象など自分ではどうしようもないものもありますが、普段から帽子やサングラスに慣れておいたり、起こりうるトラブルの対処法を知っていれば慌てることなく冷静に対応できます。また、悩んでいるランナーも多い、脱水や胃腸関連のトラブルに関しては事前準備でかなりの確率で回避することができます。

私はいろいろなトラブルシューティング法を身につけることで、悪天候が苦手ではなくなりました。雨や強風や気温上昇など天候変化はすべてのランナーに均等ですので、引き出しを多く作っていれば、逆にそれをチャンスと捉えることができます。

私の勤務する榛名荘病院の近くで毎年９月末に開催される榛名湖マラソンは〝日本一標高が高い日本陸上競技連盟公認コース〟です。地元に根付いたホスピタリティーに溢れる大会で、私は２０１９年第７回大会のゲストランナーを務めさせていただきました。宣伝になってしまいましたが、準備期の総仕上げ練習にも適した大会ですので、ぜひ皆さんも一度ご参加ください。

レースのコスパを最大化するコツ

前項では「練習としてのレース参加」をオススメしました。せっかく時間とお金をかけて参加するのですから、そのコストパフォーマンスを最大限高めたいですね。レースのメリットについて、箇条書きで詳しくご説明しましょう。

①参加人数が多い
②様々なペースのランナーがいる
③普段走らないコースを走る

④給水や給食がある
⑤参加賞や記録証がもらえる

一つずつ順に解説していきたいと思います。

①参加人数が多い
これは究極の集団走とも言い換えることができます。レースでは単独走になることは稀で、常に前後左右にランナーがいると思います。これはとても心強いです。少々きつくなっても、周囲のランナーと一緒に粘ることができます。

また、私は走る以外のことにも注目していました。それは**服装とウォーミングアップと事前準備**です。一人で練習していると、他のランナーがどんなことをしているのかに疎くなります。そこで周囲のランナーをじっくり観察してみてください。暑い日や雨の日にどんな〝独自の工夫〟をしているでしょうか？

私が他のランナーから取り入れた工夫はたくさんありますが、その一つとしてワセリンを上手に使えるようになったことがあります。おかげで、**レース中のトラブルが減り、パ**

フォーマンスも劇的にアップしました。

ワセリンとは白色をした保湿剤で、皮膚表面に膜を作ることで水分の蒸発を防ぐ役割を果たします。医療関係者としても馴染み深いものなのですが、マラソン初心者の頃は、レースでの利用は思いつきませんでした。

ワセリンには、潤滑剤という一面もあり、ボクシングでは、ボクサーが顔面に塗ることがあります。相手のパンチが顔面に当たった時には〝スルッと〟クリーンヒットの確率を下げ、まぶたが切れた際にも出血を一時的に抑えることができ、一石二鳥なのです。

その特徴をマラソンにも応用して、肉刺ができやすい足の指や踵周り、または、擦れが生じやすい内股や乳首に厚めに塗ります。

ここまでは実践しているランナーも多いのではないでしょうか？ さらに私は水を弾くというワセリンの性質を利用して、**雨の日に腕や脚に塗って、水分が皮膚にたまらずに流れ落ちるようにしています**。また、この特徴により腹部や背部に塗ることで、ウェアと皮膚の間にバリアができ、汗冷えを防止し、副次的な保温効果も期待できます。

雨や汗でも落ちにくく、レース中は効果が持続するのもいい点ですね。私はウォーミングアップの前に比較的強めに擦り込むように使用して、摩擦熱の恩恵も併用しています。

これを行うようになってからは、雨のレースでも身体が冷えたり、腹冷えで調子を崩したりした記憶がありません。

ウェアやシューズに防水スプレーをするのも水分を含んで重りになるのを防げますね。濡れて肌に張り付いたウェアのストレスと言ったら、経験した事のある皆さんなら分かると思います。大した手間ではありませんし、レース前に完了する点もいいです。

マラソンのレース中はストレスのオンパレード。どんどん積み重なっていきますので、小さなことを一つずつクリアすることでエネルギーの無駄遣いを防ぐことができます。他のランナーをしっかり観察し、ちょっとした工夫を真似させてもらいましょう。

②様々なペースのランナーがいる

5秒おきくらいの細かい設定のある集団ペース走のイメージです。

あまり時計を気にせずに走ることもできますし、ちょっとだけ速い集団の後方について粘ることもできます。また、集団の中に入って速いペースで押していくこともできますね。きつくなって集団から離れてしまった場合でも、次に来る集団に乗ることができれば大幅な失速を防ぐこともできます。

逆に、余力があれば前の集団、さらに前の集団といったように積極的なレースにすることもできます。普段、単独練習の多いランナーは特に集団の恩恵を受けることができます。

③普段走らないコースを走る

初めてのコースや、たまにしか走らないコースというのは練習であってもワクワクするものです。陸続きの県外はもちろん、飛行機を使ったりすると気分も高まります。海外レースであれば尚更でしょう（ちなみに私は海外レース参加経験はありません）。

適応能力も含めて自分の本当の力が試されます。ホテルに泊まればベッドや布団、枕の感覚が違ったり、食事も普段自宅で食べているものがホテルのバイキングになったりと、色々と考えることも増えます。自分がいつも食べているものを持っていくのもいいですし、コンビニで手に入るアイテムに慣れていれば大体どこに行っても困らないでしょう。余裕があればご当地のものを食べたり、レース後に観光をしたり（レース前であれば疲れすぎないように）することも楽しみを広げるでしょう。

もう一つ大切な点は、**大会のホームページに掲載されているコースマップや高低図で感覚のイメージを作り上げておくこと**です。そして実際にコースを走っている途中やレース後に擦り合わせてみましょう。実際には高低図には表れない細かなアップダウンや追い風や向かい風になるポイントなどがあります。毎年同じ時期の同じ大会に出ていると分かってきますが、海沿いのコースなどでは頭の中のイメージがあるか否かが顕著に結果に影響してきます。

④給水や給食がある

レース前に給水や給食の位置や内容を確認しておくことも大切です。「絶対にここで取る」ではなく、取れなかった場合に慌てないためにもレースの状況に応じて二つ以上のオプションを準備しておくことをオススメします。

自分でドリンクや補給食を持って走るという方法もありますが、重いですし、揺れたりして気になり走りにくいですので、必要最低限にすることを推奨します。急に暑くなり、前半で飲みきってしまったり、ポケットにいれていたゼリーを落としてしまうなどということも想定しておきましょう。

私はドリンクは持たず、当日の気温や湿度に合わせて3～5㎞毎にスポーツドリンクと水を同量くらい（合わせて１００ml程）飲んでいます。大体10回取りますので、１０００mlくらいということになります。

熱中症予防という観点から、水分補給は1時間毎に500～1000mlが推奨されています。サブ2・5でゴールすると仮定すると、1250～2500ml と計算上は幅が出ますが、2000ml以上摂るというのは大変ですので、個人差や気候はありますが、現実的には1500mlくらいが適量と考えます。すると私の1000mlというのはだいぶ少ないですね。

ただ、私は脱水症や熱中症になったことはほとんどないと思います。私が脱水に強いということではなく、ならないようにレース前に工夫をしているからです。それは、ウォーターローディングやグリセリンローディングという方法で、レースの数日前から少しずつ体の中に水分を蓄えておくというものです。この二つの方法については後述します。

補給に関しては、エイドの補給食は取らずに、ゼリーをハーフ地点と35㎞地点で摂るというのをルーティンにしています。ゼリーを選んでいるのは、胃腸が強くなくても吸収しやすいから、そして走りながらでもスルッと飲めるからです。ゼリーは某メーカーのものをずっと愛用しています。薄くかさばらない、軽いのにカロリーが詰まっている、グローブをしていても開けやすい、マグネシウムなどの電解質がしっかりと入っている、垂れにくい、飲みやすいフレーバーなどを選ぶ基準にすると良いでしょう。

最後の〝味〟というのも大切な要素で、苦かったり甘すぎたりするものよりも、美味しい方がテンションも上がり、走りにも好影響をもたらします。カフェインには利尿作用もあるため、レース中の摂取に関してはいろいろな議論がありますが、私はレースの終盤の35㎞地点でカフェイン入りのゼリーを選ぶことが多いです。

その理由は、自分の集中力が落ちる前の段階で覚醒作用のあるカフェインを摂ることで最後まで集中を切らさないということと、気持ち的なスパートに向けたブースト効果を期待しています。練習やレースで実際に使ってみて、味や粘性、持って(ポケットに入れて)走ってみた感触を確めてみましょう。最適なものが見つかれば、それが大切な相棒になることは間違いありません。

⑤参加賞や記録証がもらえる

大会参加賞のTシャツを着て、練習やレースに参加しているランナーも多いのではないでしょうか。Tシャツやタオルがありすぎて収納に困る、派手なデザインのものを寝巻きにしている、などは「ランナーあるあるある」ですね。地元の特産品や、持っていなかったランニンググッズなどがもらえるのはとても嬉しいです。

記録証では、5㎞毎のラップがあったり、順位変動が分かったりする大会もありますし、ほとんどの大会では総合順位や年代別順位も出ますので、走るモチベーションも高まります。参加人数の多い大会で結果を残せればそれは大きな自信となります。

このように、練習としてのレース参加には、たくさんのメリットがあります。「本番、一発勝負」もいいですが、時間と予算の都合がつくのであれば、自己ベストを狙う本番レース以外にも参加することをオススメします。

「独り合宿」で追い込む

夏の暑い時期にはたくさんの実業団チームや大学生、高校生、ランニングクラブなどが標高の高い避暑地で合宿をしています。そこに参加するというのもいいですが、なかなかまとまった休みが取れないランナーも多いと思います。

そこで、自宅にいても週末を利用してできる「独り合宿」を考えてみましょう。

クラブや実業団の合宿というのは規則正しい生活スケジュールがありますので、早寝早起きは必須です。基本的には起床後朝食前のジョグ、午前練、午後練という流れになり、陸上の合宿地であればクロスカントリーでのジョグ、トラックでのスピード練習、ロードでの距離走が軸となります。

3日間の合宿を想定すると1日目は少し軽めのメニュー、真ん中の2日目には強度の高いメインメニュー、3日目には疲労を考慮しつつ充実した合宿を乗り越えたという印象を持つためにも長めの距離を走ると良いでしょう。食事と同様に同じメニューにはせずに、バラエティーに富んでいて、かつバランスの良いものにしましょう。

具体例(土・日・月の3日間)

1日目(土曜日)

朝練：ジョグ(60分以内)

＊実際の合宿では午前に到着し、午後練からスタートすることになりますが、自宅合宿では朝からできてお得ですね。

午前練：クロスカントリー走(15〜20㎞)

＊近場になければトレイルや芝生、土など様々な走路を組み込みましょう。反発の得られにくいアップダウンを走ることで脚力がアップします。

午後練：インターバル走(1000m、8〜10本)

＊早いタイミングで心肺に刺激を入れることで、後々のメニューが楽に感じられます。

2日目（日曜日）

朝練：ジョグ（60分以内）

＊体を目覚めさせるようにゆったりとしたペースで行います。

午前練：ペース走（8000ｍ）

＊午後のメインに向けて脚に刺激を入れておきましょう。ペースは疲労が溜まらない程度に設定しましょう。

午後練：距離走（30㎞）

＊合宿の中でのメインメニューですので、しっかりと集中して、力を出し切りましょう。あと1日残っていますが、あまり意識しないようにしましょう。しっかりと休息をとることでリフレッシュできます。

3日目（月曜日）

＊通常であれば朝ジョグからスタートして午前練で終了ですが、この日から仕事がある

と仮定すると朝のメニューがラストになります。

朝練：ロングジョグ（120分以上）

＊心配な方はバナナや水分などを摂ってからでも構いませんが、今までの疲労を抜くようにゆったりとフォームを意識しながらなるべく長い時間走り続けましょう。合宿のメニューを振り返って余韻に浸りながら、反省点を挙げてみたり、今後の大会予定や目標を考えたりしているとあっという間でしょう。

※クロスカントリーや陸上競技場のトラック、距離走をするための湖畔に移動したりすることも、特別なトレーニングをしている感覚が高まり、非日常を体感できるでしょう。

目標達成の基準「6%の法則」

サブ4、サブ3・5、サブ3、そしてサブ2・5など、皆さんそれぞれの目標タイムをお持ちかと思います。そこで気になるのは「目標を達成するために、どれくらいのペースで練習すればいいのか？」ということでしょう。

正直なところ、個々のランナーでスピード型、中間型、持久型など特性が異なりますので、クリアカットに単純化することはとても難しいです。

しかし、たくさんのランナーを指導し、練習メニューを提供し、記録の推移を見てきた経験から、大部分のランナーに当てはまる信頼性の高い数値を出しています。

私はそれを**6%の法則**と呼んでいます。

これは**ハーフマラソンで測ることのできる基準**で、最低限達成すべきものです。

具体的には**「目標タイムの半分から6%を差し引いた（0・94を掛けた）タイム」**ということ

とです。

サブ4（240分）であればハーフ120分に0・94をかけると約113分（1時間53分）、サブ3では同様にして約85分（1時間25分）、サブ2・5でも同様にして約71分（1時間11分）となります。

最新のびわ湖毎日マラソン（5〜6割しか完走することができない国内最高峰のレースです）の参加基準を見ても「①マラソン　2時間30分00秒以内、②ハーフマラソン　1時間10分以内」となっており、6％の法則で算出した約71分にかなり近いですね。ちなみに私のハーフのベストは71分台後半ですので、びわ湖毎日マラソンでは、常に関門との戦いでした。

持久型のランナーであれば、もう少しハーフの持ちタイムが遅くても達成できる場合もありますが、経験上、なかなか厳しいと思います。6％の法則で算出したタイムを最低限の目標と考えましょう。

練習での設定ペース

さて、練習での設定ペースについてですが、ここでは、便宜的にサブ4、サブ3、サブ2・5のものをご紹介します。

単純計算では、おおよそ「サブ4：1㎞あたり5分41秒、サブ3：1㎞あたり4分15秒、サブ2・5：1㎞あたり3分33秒」となります。それぞれの平均ペースにいかにして慣れるかということに尽きます。

ただし、このペースにはスタートラインを通過するまでのタイムや、給水や給食でのロスタイムなどが全く加味されていませんので注意が必要です。つまり目指すところは具体的にはサブ4で1㎞あたり5分35秒、サブ3で1㎞あたり4分9秒、サブ2・5で1㎞あたり3分27秒と6秒差し引いたタイムにしましょう。ここでも「6」という数字が出てきましたね。

どのように走るか

「肩甲骨」を使って走る

「腕を振りすぎない」「肘を後ろに引く」などいろいろな指導法がありますが、私は腕でも肘でもなく**肩甲骨**に注目しています。

なぜ肩甲骨かと言いますと、効率の良い自然体での腕振りができるようになるからです。それにはきちんとした理由があります。上肢は肩甲骨（肩甲上腕関節）を介して体幹につながっていますので、肩甲骨を内側に寄せる意識を持つだけで〝自然と〟肘が後方に動きます。

医学的には肩甲骨を下方回旋させると表現しますが、「左右の肩甲骨の間に深い溝を作る」とか「左右の肩甲骨の下の方をくっつける」といったイメージだと分かりやすいと思います。私が指導してきた中でも、**腕振り（の意識）を変えただけで、ストライド（歩幅）が伸**

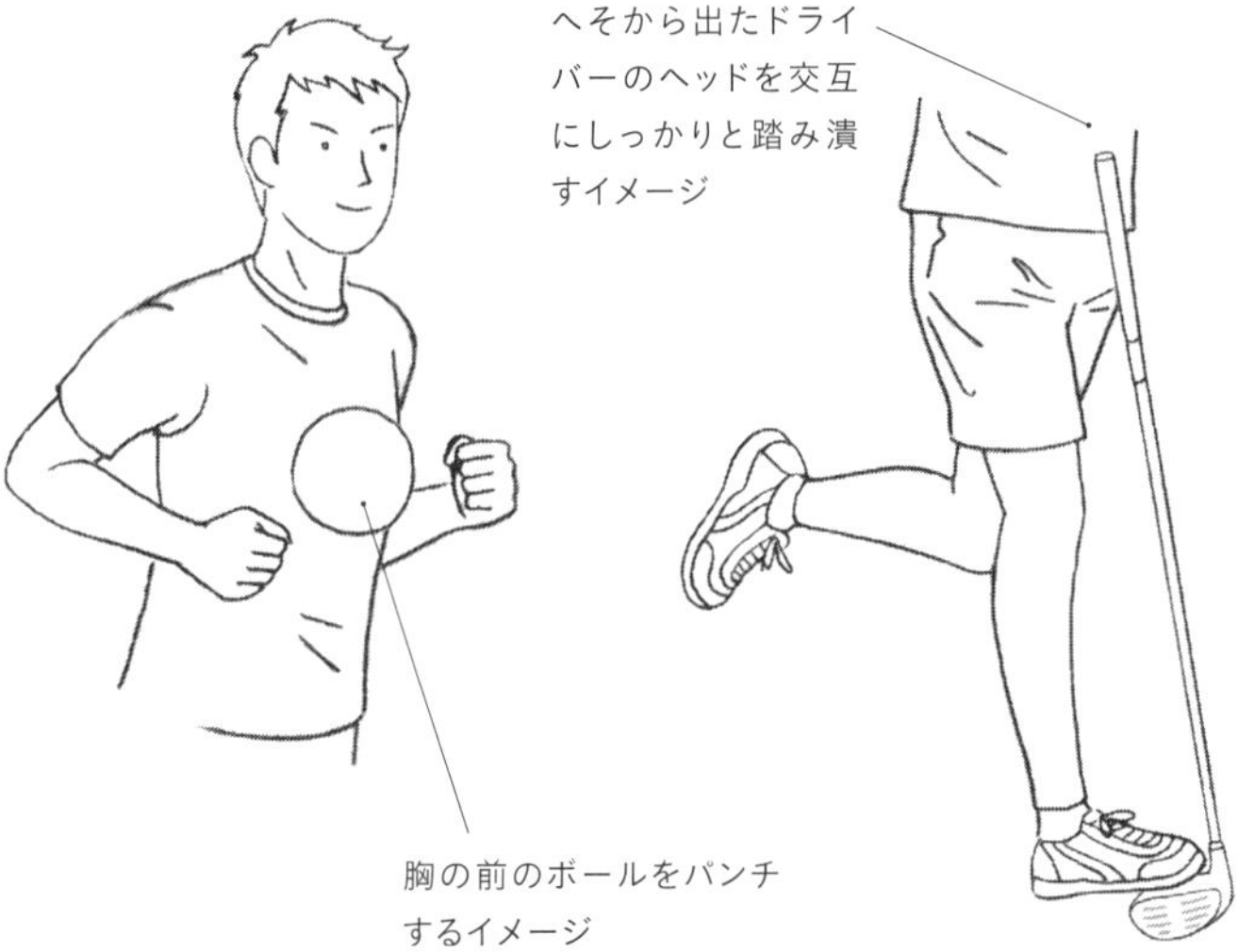
へそから出たドライバーのヘッドを交互にしっかりと踏み潰すイメージ
胸の前のボールをパンチするイメージ

び、ピッチ（歩数）も上がり、タイムが大きく短縮したランナーをたくさん見てきましたので、自信を持ってオススメします。

腕振りは「パンチ」、接地は「ドライバー」

ランニングフォームを修正する場合を考えてみますと、脳のイメージと実際の身体の動きの乖離を一致させる必要がありますが、その際には自分独自の具体的なものに例えることで、早期に取り入れられ、実行しやすく永続的な記憶として残りやすくなります。

私の例を二つお伝えします。腕振りをする際の意識ですが、自分の胸の前にボクシングのパンチングボールを置いて、軽く握った両拳で素早く叩くイメージです。これで肘を折りたたんで、体に沿ったコンパクトなフォームを維持しています。

また、よく「身体の真下で接地しましょう」と言われますが、なかなかイメージしにくく、難しいですね。私もマラソンを始めた頃に理想的なランニングフォームを検索していた際に、コマ送り写真や動画を見ましたが、まったく分かりませんでした。パッと見て理解できるランナーの方はかなりの少数派であり、優秀で羨ましいです。ランニングダイナミクスの知識やマラソン経験値を増やしながら、理解するのに二年はかかりました。

皆さんにはその時間を別のことに充てていただけるよう、私の考案したイメージをお教えします。これは数多くのランナーのフォーム指導に導入していますが、１００％といっても過言では無いくらいの効果があり、自分でも驚いています。そのイメージは極めて簡単で、**自分のへそから真下にゴルフのドライバーがぶら下がっている状態で、そのヘッドの部分を左右の足裏で交互にしっかりと踏み潰していく**というものです。これはドライバーのシャフトから〝軸の動き〟を理解できる点、体幹の中心とも言えるへそ（丹田）に意識が向けられる点、しっかりと踏み潰すことで地面をしっかりと捉えて蹴らずに押し出すことができる点にコツがあります。

ヒールストライク、ミッド・フォアフット

皆さんが走る時、足を接地するのは「踵」からでしょうか、「つま先」からでしょうか、その「中間」でしょうか？

それぞれヒール（踵）、ミッド（中間）フット、フォア（前方）フットと呼ばれています。どれがいいのかは議論の分かれるところですが、一般論として、ヒールは踵でついたときにブレーキがかかってしまい、スピードが死んでしまうと考えられます。

フォアフットはロスが少なく、バネのように次の動作に移ることができるので、スピードが出やすいです。私は、実業団選手や高校のトップレベルの選手も見ていますが、速いランナーにフォアフットが多いのは事実です。ただし、**フォアフットではアキレス腱や腓腹筋に大きな負荷がかかりますので、それに耐えうるだけの身体ができていないと故障**します。私たち市民ランナーがフォームだけ真似をすることには大きな危険が隠れていることを忘れてはいけません。

トップレベルの選手は、筋力はもちろん、フォームやシューズまでフォアフット仕様になっているのです。ジュニア時代から陸上をしている選手はスパイクを履く機会も多いで

すので、自然なフォアフットが身に付きやすいです。ちなみに私はマラソンを始めた頃はヒールでしたが、スピードがついてきて、いつの間にかミッドになっていました。

「フォアフットにチャレンジしてみたい！」という好奇心・向上心は素晴らしいですが、私は、接地はあまり意識せず、（故障が多かったりしない限り）自分に合った形で走るのが一番だと思います。

ストライドとピッチ

走るスピードは「ピッチ（歩数）×ストライド（歩幅）」で求めることができます。わかりやすいようにご説明します。

１分間のピッチが２００で、ストライドが１ｍのランナーであれば、１分間に２００ｍ進むことができますので、１㎞は５分という計算になります。ピッチが倍になれば速さも倍に、同様にストライドが倍になれば速さも倍になります。

ストライドは、もともと両親から授かった解剖学的な脚の長さによるところが大きいですが、股関節をうまく使えるようになれば伸ばすことも可能です。しっかりと**股関節を屈曲する（身体に引きつける）**ことができれば、接地するまでの滞空時間が長くなります。また、

股関節を伸展する（後方に押し出す）ことができればより推進力が得られ、いずれの場合にもストライドが大きくなります。

ピッチはストライドよりも意識して上げることができます。皆さん、その場で速い足踏みをしてみてください。ここで難しいのは、ピッチとストライドは相反するものであり、ピッチを上げるとストライドが狭くなり、逆にストライドを伸ばすとピッチが少なくなってしまいます。練習の中で色々なオプションを試していると最適解を見つけることができます。実際のレースで、上り坂ではピッチを上げてテンポ良く登っていくと筋疲労も少なくなります。下り坂ではストライドをやや広めにしてブレーキをかけずに転がるように走ればスピードも上がります。あまり広げ過ぎてしまうと、大腿四頭筋に大きな負荷がかかってしまうので要注意です。

フォームを動画でセルフチェックする

皆さんは自分がどんなフォームで走っているか、調子がいい時はどうか、疲れている時はどうか把握できていますか？　私は自分自身のフォームはもちろん、指導するランナーのフォームをチェックする際、動画撮影を頻用します。静止画やコマ送りでは、なかなか連動するフォームの概要を捉えることが難しいという理由からです。

しかし、実際の動画を確認してみると頭のイメージとは全く違っているケースがとても多いです。意識してできているようでも、実はできていません。これは客観的な評価によるフィードバックが不足していることが根本にあります。

学びが多いので、未経験の方は、ぜひ一度チェックしてみてください。カメラを固定しての撮影では角度的になかなかいい画像が撮れませんので、ランナー仲間と撮り合いましょう。フォームを修正する場合にも、チェックして変えるべき点を把握し、修正したらすぐに再チェックをします。イメージが鮮明であればあるほど、意識が高ければ高いほど効果があります。味の素ナショナルトレーニングセンターで、陸上の日本代表選手の練習を見学させていただいた際にも、**走っている最中に撮影した動画を走り終わった直後にコーチと一緒に確認しているの**が印象的でした。タイムシフト再生（追っかけ再生）機能を利用して、迅速かつ効果的なフィードバックを可能にしているということです。

第3章

どうすれば「怪我・故障」を防げるのか

Part 1

ランニング障害の基礎知識

主なランニング障害の種類

ランニング障害とは、文字通り走ることにより生じる障害全般のことです。外傷と混同されやすいのですが、分かりやすく言いますと、繰り返しのダメージの蓄積によるものが障害で、転倒や捻挫などの1回の受傷ダメージによるものが外傷です。

長時間にわたって、繰り返し筋膜、骨膜、腱や骨に小さな衝撃や摩擦がかかり、耐えうる限界を超えると違和感や痛みが発症するオーバーユース障害です。走りという特性を考えると、脚が大きな着地衝撃を受けることから圧倒的に下肢に多く発生するのも納得できます。代表的なものを挙げ、特徴をまとめます。文章だけではわかりづらいと思いますので106ページのイラストも参照してください。

①腸脛靭帯炎（ランナー膝）

ランナーに特徴的な障害であるため、別名ランナー膝とも言われます。腸脛靭帯は腸骨から脛骨にかけての長いバンド状の靭帯で、膝の外側の安定性を保っています。「ランニング」という行為は「膝関節の曲げ伸ばし」とも言い換えられますが、膝が少し曲がった状態の時に腸脛靭帯が大腿骨外顆（外側の出っ張り）と擦れることで、炎症が起こり、痛みが生じるものです。**膝の外側の痛みを自覚することが多く、走り始めよりも5㎞過ぎなど、ある一定の距離から徐々に痛みが出てくるケースが多いです。**

②鵞足炎

これはあまり聞きなれないかもしれませんが、陸上アスリート専門外来では非常に頻度が高い疾患です。膝関節の内下方の脛骨上部に膝を曲げる筋肉（半腱様筋・薄筋・縫工筋）が付着している場所に起こる炎症で、鵞鳥（ガチョウ）の足のように複数の腱が同じ場所に付いているために障害が起こりやすく、このような名前で呼ばれています。

③過労性（疲労性）脛骨骨膜炎（シンスプリント）

これは漢字ばかりで難しいようですが、いわゆるシンスプリントのことです。脛骨の遠位で内側後方に付着する後脛骨筋などで骨膜が引っ張られて炎症を起こします。**スネを押すと痛みがある、下りでスピードを出して走ると骨がミシミシきしむように痛い**という症状が多く、痛みを我慢しながら練習をしているとパフォーマンスも大きく落ち、練習の成果も台無しになってしまいます。また、疲労骨折の好発部位に近く、症状もよく似ていますので注意が必要です。

④アキレス腱炎、アキレス腱周囲炎

ふくらはぎの腓腹筋や、ヒラメ筋の共同腱である人体最強のアキレス腱に起こる炎症です。腱炎は腱そのものの炎症で、腱周囲炎は腱を包む膜の炎症です。大きな負担のかかる場所ですので、頻度も高いです。上り坂をよく練習で走るランナーや、地面を蹴って進むようなランナーに多く、もともと短距離をしていてマラソンに移行したランナーにもよく見られます。**起床時の一歩目の痛みや走り始めの痛みがありますが、走っていると徐々に痛みが和らいでくる**という特徴があります。このために、少し無理をすれば練習が継続できてしまうということが多く、かなりひどくなってから受診するランナーが多いという印象があります。

⑤足底腱膜炎

ランニングではまず、足底で接地して衝撃を受けますので、こちらも多く見かけます。疲労が溜まってきますと、足底を作るアーチが落ちてきてしまい、従来のクッションの役割が果たせなくなって痛みが生じます。腱膜に引っ張られ続けることで、レントゲンで見ると踵骨《しょうこつ》に骨棘《こつきょく》（骨の出っ張り）ができていることもあります。

⑥疲労骨折

トップアスリートなどのニュースでも耳にするかと思いますが、ランニングでは心臓から遠い方から中足骨、踵骨、脛骨・腓骨、大腿骨、骨盤によく起こります。

ランニングの着地衝撃のように、特定の部位に継続的にストレスが加わり続けるとミシン目のように骨にヒビが入ってしまいます。前述したシンスプリントだと思って、様子を見ていたら疲労骨折だったというケースも多くあります。

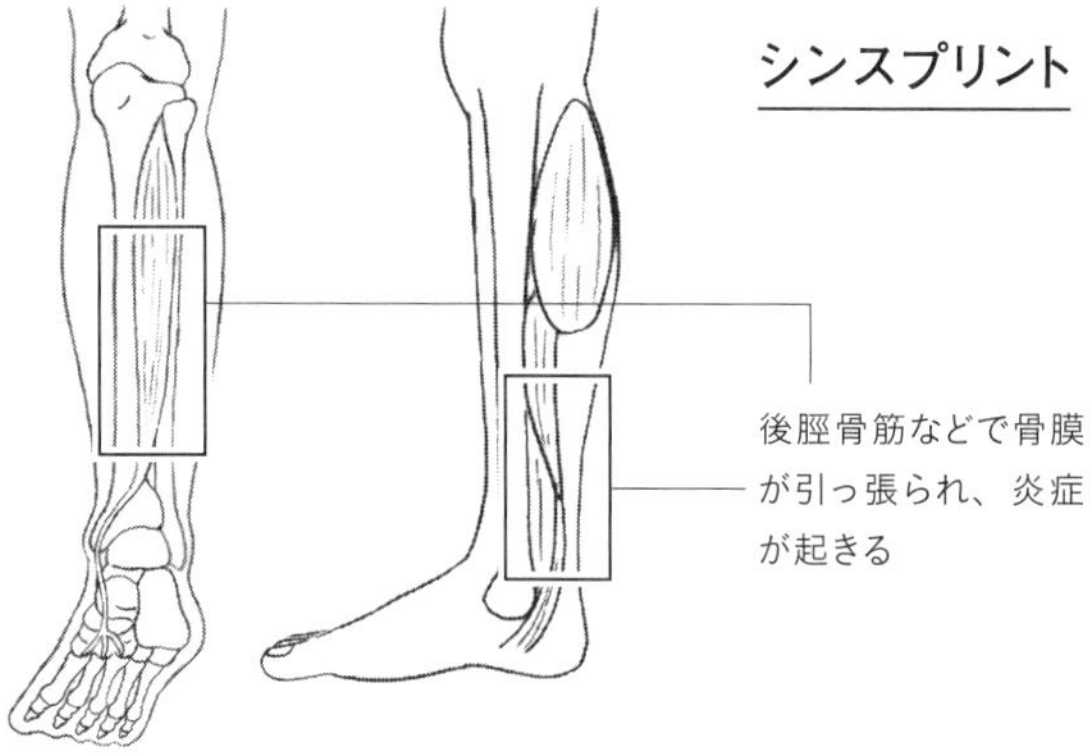
シンスプリント
後脛骨筋などで骨膜が引っ張られ、炎症が起きる

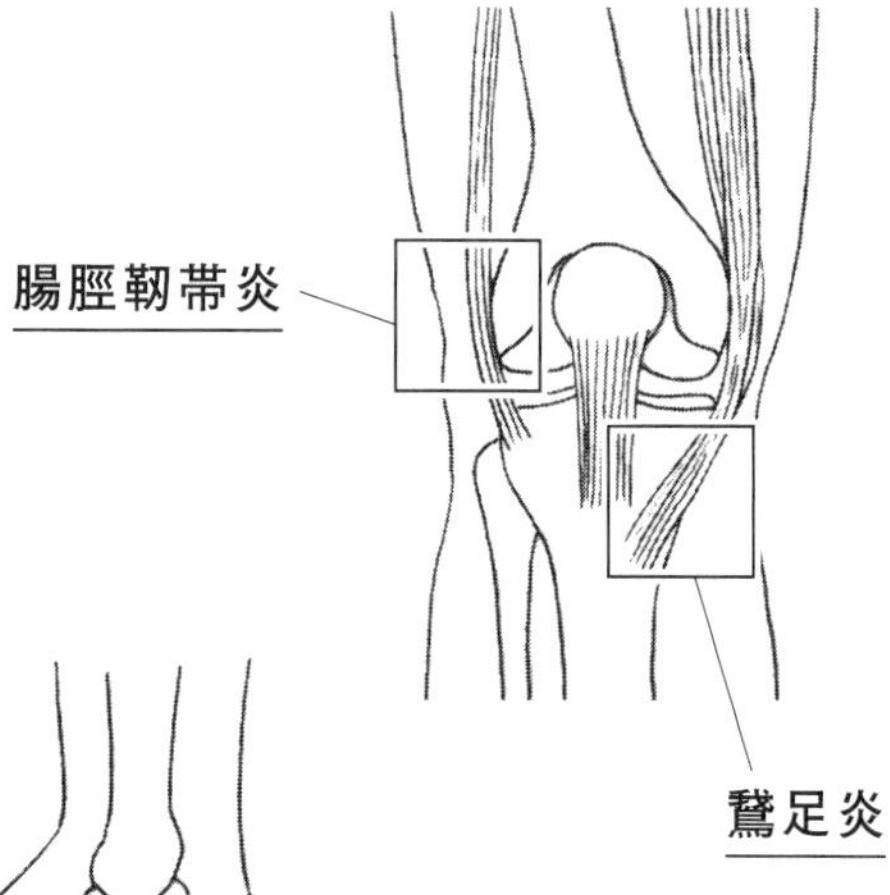
腸脛靭帯炎
鵞足炎

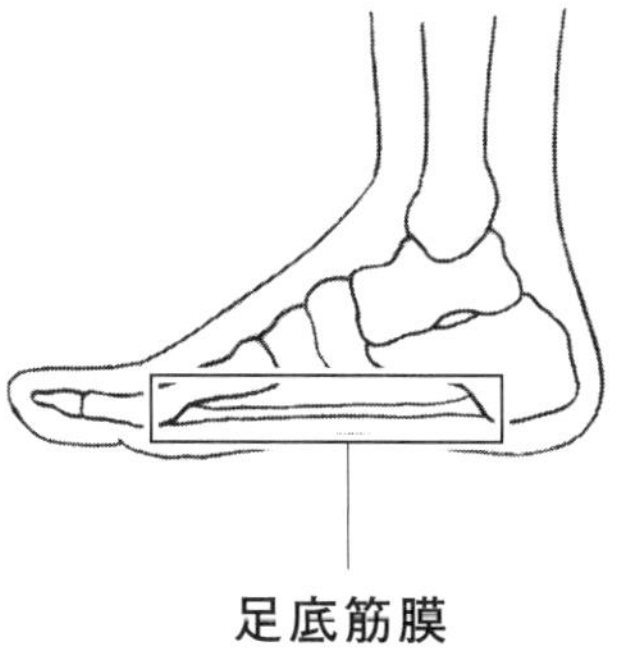
足底筋膜

初期にはレントゲンに写らないこともありますので、２週間後にもう一度撮り直してみたり、ＭＲＩを撮ってみたりと疑ってかかることが重要です。一度完全骨折になってしまうと長期間の休養を余儀なくされ、パフォーマンスも落ち、場合によっては手術に至ることもあります。

ここで重要なのは、**ランニング障害全般には共通する原因があり、それぞれ重なり合うところも多い**ということです。

一度ランニング障害になってしまうとランニングのバランスが崩れ、それをかばおうとして同側や反対側の違う場所に痛みや違和感の出るランナーが非常に多くなっています。つまり**一つ一つのランニング障害の治療法を考えるよりも、予防法を含めた対処法を知っているかどうか**が練習を継続するための鍵となります。

皆さんの中にもランニング障害で病院を受診したランナーもたくさんいらっしゃると思います。そこで医師から何と言われましたか？「とりあえず痛みが治まるまで休みましょう」というのが圧倒的に多い答えでしょう。

看板にスポーツ整形外科と掲げているところでも、ランニング障害を詳しく診られるところはほとんど無いと思っています。それには根拠があります。私はランニング障害に悩むランナーを救うべくランナーに特化した外来を開設したわけですが、県内はもちろん県外からも多くの方に受診していただいています。最先端の医療があり、スペシャリストも大勢いそうな東京からさえも、片道2時間以上、お金も時間もかかる田舎で、アクセスも決して良くはない私の病院を受診してくださるのです。これは、多くのランナーが、ランニング障害で満足のいく診療を受けられていないことの証拠ではないかと考えています。

県外や遠くからいらっしゃるランナーは、ほとんどが近所のスポーツ整形外科に行って「休むように言われ、数ヶ月休んだけど良くならない」と仰います。休むことで時間が解決してくれる軽度のランニング障害もありますが、それだけでは良くならないのも事実です。主なランニング障害に共通する原因を挙げて、根本的な解決法を考えていきましょう。

ランニング障害の主な原因

①走りすぎ

ランニング障害全般はオーバーユースによるところが大きいですので、走りすぎないように、自分のレベルに合った強度で練習を組み立てたり、しっかりと休息を取ることが大事です。走りやすくなった時期や合宿等で急に練習量が増えた際にも注意が必要です。

「前の週から10％以上走行距離を増やさない」というのも目安になります。痛みや違和感があったらまず練習量を減らしたり、休んだりするのも〝無理をしない〟という点では大切な考えです。

ただ、先ほども触れましたが、それだけでは根本的な解決にはなっていないことが多いのです。しばらくして練習を再開したらまた痛みが出るというのを繰り返してしまいます。

②筋肉の疲労による柔軟性の低下

ランニングは同じ動作の繰り返し運動ですので、同じ筋肉に負担がかかるというのは想像に難くないと思います。**ウォーミングアップやクーリングダウン**を入念に行い、凝り固まって短縮してしまっている筋肉をマッサージやストレッチで伸ばすというのも対策の一つです。

また、同じコースや路面、傾きやアップダウンのあるコースばかりを走らず、バランスよく走るというのも効果的です。同じコースでも逆を辿れば、理論上は負担が同等になりますね。トラックで練習しているランナーは、メイン練習中はどうしても反時計回りになってしまいますので、ウォーミングアップやクーリングダウンで周囲の芝生などを走る時には時計回りにすると良いでしょう。

③シューズが足やフォームに合っていない

ソールが磨り減ったシューズは、常に傾斜のあるコースを走っているのと同様です。さらにクッション性も落ちていますので、ランニング障害になるのは時間の問題です。自分の足の形（足長はもちろん、足幅や甲高、アーチ高など）や左右差をしっかりと自覚し、最適なシューズを着用しましょう。クッション性が高く、かかとがしっかりとホールドされているモデルは足を守ってくれますので、ジョグなどで使用する頻度の高い靴には良いでしょう。

また、シューズの〝回し履き〟は絶対にやめましょう。これは、レース用にシューズを新調し、ソールがすり減ってきたらスピード練習用に回し、さらに減ってきたら雨の日用のシューズとして使うことです。

私もマラソン練習を始めた頃にしていましたが、恥ずかしながら身を以て怪我を経験しました。ものを大切にするのはとても大事ですが、日本人特有の「もったいない精神」によりランニング障害が引き起こされているというのも事実です。

トップランナーが履くようなシューズには一般的に軽量でクッション性に乏しいモデルが多くあります。雑誌やテレビで憧れのランナーが履いていると欲しくなってしまいますが、踵接地のランナーが、前足部接地によって効果を発揮できるシューズを履いたらどうなるでしょう？　恩恵を受けられないばかりか、脚にも悪い影響が及ぶことになりかねません。上位モデルのシューズは、脚が出来上がったランナーに与えられたアイテムという認識が良いと思います。なかなか表には出てきませんが、トップランナーでさえ、そのようなシューズを履くためにはフォーム改善や筋力トレーニングをしているのです。

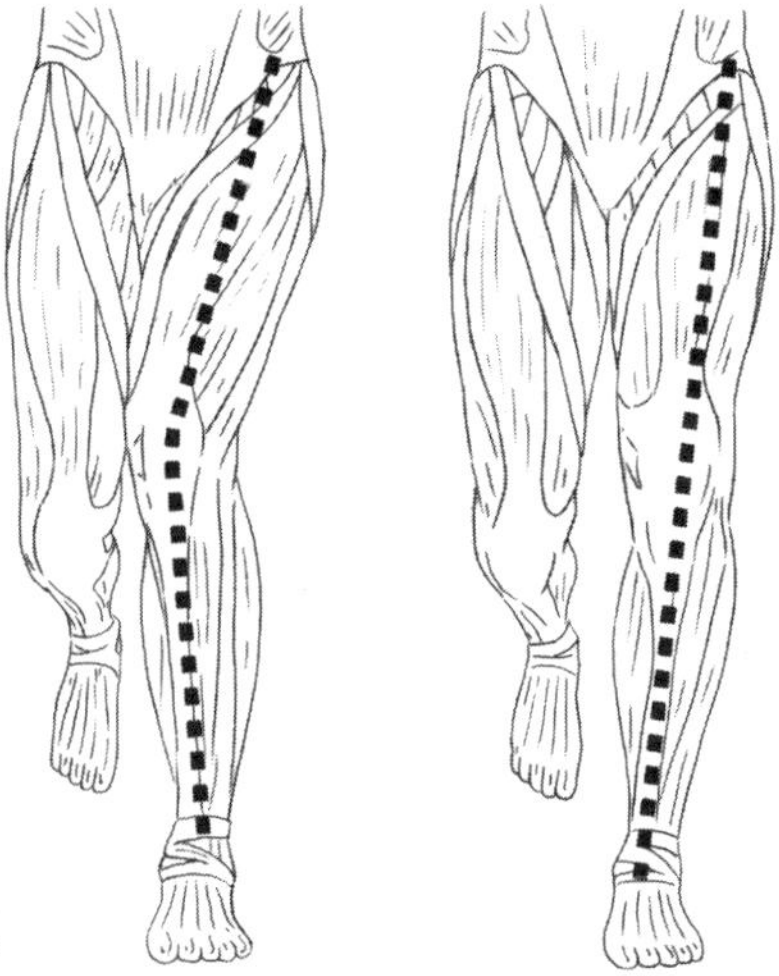

ニーイン・トゥーアウト

④下肢のアライメント異常

アライメントというのは「機能軸に沿って整列している」という意味で、膝関節を介した大腿骨と脛骨、足関節を介した脛骨と距骨・踵骨の関係性に代表されます。たとえば医学的には膝が外側に曲がっている状態は内《ない》反膝《はんしつ》と呼び、いわゆるガニ股のことを指します。

ここでランニング障害につながりやすいアライメントをお伝えしますと、足部が過剰に回内（内側に倒れこむ）して、膝が内側に入った状態です。この状態ではつま先も外側を向くことが多く、knee in-toe out（ニーイン・トゥーアウト）とセットで呼ばれることもあります。通常の立位の状態よりも歩行やランで荷重が増えることでそれが顕著になります。

これはランニング障害に限定されたものではなく、サッカーやバスケットボールで多く見られる膝前十字靭帯を損傷する動作パターンとも酷似しています。**足関節が内側に倒れて、下腿が内側に捻られ、膝が内側に入る状態というのは身体に大きな負担があり怪我をしやすい形**ということが理解できると思います。

他のスポーツでも、私も所属する日本整形外科学会が作成したガイドラインに則って、筋トレや動作改善予防トレーニングが広まりつつあります。たとえば、膝や股関節周りの筋肉を鍛えたり、ボックスからジャンプした時に膝が内側ではなく真正面を向いて着地できるようにするための反復練習があります。

ただ、成人では元々の解剖学的な身体のつくりであったり、長年にわたって染み込んだ癖などもあり、改善にとても時間がかかるという問題もあります。そこで、ジュニア期から身体の使い方の指導介入をするというのも私が推奨しているところです。

成人に対しては、長期的には動作改善予防トレーニングを継続しますが、改善しにくいという特性を考えて、シューズやインソールをうまく併用していくというのも良い方法です。皆さんの近くのスポーツショップでも、足部の「過回内」をサポートする機能を備えたシューズがあると思います。回内という言葉よりも**プロネーション**という英語が使われていることが多く、「プロネーション防止」とか「オーバープロネーション用」といった形で紹介されています。また私自身の足も回内傾向にあり、シューズはニュートラルのものを使用し、インソールで過回内を矯正できるモデルを愛用しています。

故障を招く3要素「走路・フォーム・練習量」

ランナーの故障の原因として考えられる主な要素として「走路のダメージ」「フォーム」「練習量」の3点が挙げられます。

これまでにも何度か述べていますが、ロードランによる脚へのダメージを甘く見てはいけません。ランニングでは、着地時に体重の約3倍の衝撃を受けることになります。さらにスピードを出して下り坂を走ったりすれば、5倍になるとも言われます。舗装路で峠走を実施する際、下り坂で勢いよく走るのは気持ちが良いものですが、あまり速く走りすぎるのは故障の原因にもなり得ます。

フォームに関しても、あまりにも体の前方で接地すると、ほとんど脚のみで衝撃を吸収しなければならないため、極力身体の真下で接地することが勧められており、それがいわゆる効率的なフォームと言われています。

そして「練習量」です。私もマラソン練習を始めたばかりの頃は、とにかく距離にこだわって走っていました。陸上経験がありませんでしたので、雑誌やネットの情報を信じて練習するしかありませんでした。そこで「月間300kmを3年続ければサブ3達成」という言葉を見つけてしまったのです。

GPSウォッチを買い、毎日距離が蓄積されていくのが嬉しくてたまらず、「今週60km走れば月間400kmに到達する」などと考え、練習の本来の目的から少し逸脱していきました。

トップ選手でも、とにかく距離を走るランナーもいれば、距離走はあまりせずスピード練習中心にトレーニングを組み立てているランナーもいます。どちらがいいというのはありませんが、**距離が目標になってしまうと「ノルマをこなさなければ」と無理をしがちになってしまいますので、注意が必要**です。メンタル面でもストレスがかかり、オーバートレーニング症候群にもなりやすい練習方法です。

ちなみに、私自身の経験と、指導しているランナーを調べてみますと、サブ2・5で400km、サブ3で300km、サブ4で200kmというのが〝あえて月間走行距離を計算すれば〟大まかな基準にはなると思います。前述の「サブ3＝月間走行距離300km」というのも、結果論としては、あながち間違っていないかもしれません。

ただし、「３００km走れば誰でもサブ3達成できる」というわけではありませんし、足ができていないうちにいきなり３００kmも走れば、故障する可能性も高いです。**「走行距離」に自分を合わせるのではなく、自分の走力に適した練習を組み立て、着実にこなしていくこと**が、結局は自己ベストへの近道になります。

身体の硬さや足の評価方法、左右差・弱点把握

突然ですが、私の身体は硬いです。皆さんはいかがでしょうか？　ランニングではどこが硬いのかが重要になります。私の陸上アスリート専門外来では、初診時にまず問診を取ります。次に症状のある部位の診察を行います。必要に応じてレントゲンやＣＴ・ＭＲＩ、超音波検査を行います。その結果を説明し、治療についてお話しします。流れは一般の整形外科と同じですが、大きく異なる点が三つあります。

一つ目は症状のある部位以外の診察・評価を入念に行うということ。二つ目は履いているシューズをチェックするということ、三つ目は治療の他に再発予防のためのトレーニングプログラムを提案することです。

身体が硬いというのは個性であり、それ自体が問題という意味ではありません。ただ、関節が硬いことでスムースな力の伝達が妨げられてしまったり、ランニング効率が落ちて

しまい、特定の箇所に負担がかかり、怪我につながる可能性があるということです。

「静的な左右差」のチェック方法

関節は全て大事なのですが、ランニングでは特に股関節と肩関節の二つが重要だと考えています。言い換えれば、股関節や肩関節をうまく使えているかということです。

もう一つ、**「左右差」（静的バランス）**も、ランニング障害につながる危険因子になります。静的な左右差とは、そもそも自分が持っている筋力や関節可動域、脚長、足部の回内外などの左右差のことを指します。

具体的には骨盤がどちらかに傾いていたり、左右の脚の筋力や関節可動域に大きな差がある場合です。骨盤の左右の傾きは立位の状態でウエストラインを見ればすぐに分かります。どちらかの股関節や膝関節が悪かったり、脚長差がある時にも現れます。鏡があれば自分でチェックできますね。筋力はマシンで同じ負荷をかけてトレーニングしてみたり、メジャーで周径を測ってみるのも良いでしょう。可動域は自分で調べるのは難しいですので、家族やランナー仲間に前後左右から見てもらって評価してもらったり、写真を撮って左右で比較するのもオススメです。

「動的な左右差」のチェック方法

動的バランスの悪い場合にも注意が必要です。動的な左右差は、荷重をかけることにより顕著になるバランスの左右差で、回内などの静的な左右差がより顕著に現れることもあります。

これは片脚立位やジャンプ、片脚スクワットで評価でき、深部感覚や体幹の強さが反映されます。最後に足部が回内して、膝が内側に入っている場合です。これは後ろ側から見る必要がありますので、自分で評価をするのはとても難しいです。

足の人差し指が正面を向く状態で左右均等に荷重して立ち、真後ろから写真を撮ってみます。すると回内足のランナーは足関節が内側に倒れている状態ですので、下腿の軸と踵骨の軸が内側にくの字に曲がっています。また、そうなることで小指、さらに進行すると薬指までもが写真に映ってきます。同じ姿勢で片脚で〝意識せずに〟ゆっくりスクワットをして見ましょう。膝関節が真正面ではなく、大きく内側に入ってくる場合には、いわゆるknee inで要注意です。トレーニングの際に直接、自分で膝の向きを見て矯正してもいいのですが、上から見ることで腰椎が前屈し、正しいスクワットの姿勢が保てなくなってしまいますので、大きな鏡で確認するのがオススメです。

マラソンで速くなるためには得意分野をさらに伸ばしていくか、不得意分野、いわゆる弱点を克服していくかに分けられますが、一般的に後者は伸び代が大きく効率的であり、短期間で記録更新する可能性を秘めています。前者は自分がすでに得意なわけですから、伸び代もそれほど大きくはないと思います。ただ、こちらの方が楽しくのびのびと練習ができると思いますので、不得意分野の練習に比重を置き、気分転換も兼ねて得意分野の練習も織りまぜるとバランスも良くなります。

タイムが伸び悩んでいる人は、これまで自分が気づいてこなかった「身体の特徴」について分析してみることも、一つの突破口になるかもしれません。可動域が狭ければ広げる練習、筋力の左右差があれば近づける練習、バランスが悪ければ体幹トレーニングで身体のコアの部分を鍛え、安定化させるなどです。

外傷を負った時の「ＲＩＣＥ処置」

本章では継続的なダメージの蓄積による「障害」を中心に解説してきましたが、外傷を負ってしまった時の対処法もご紹介します。いわゆる「RICE処置」が推奨されていますので、ぜひ頭に入れておいてください。RICEは、それぞれの頭文字をとったものです。

Rest（安静） 血液循環を抑えて、固定することにより局所を安静に、除痛する

Ice（冷却） 血管を収縮させることにより炎症を抑え、除痛する。代謝を下げることにより組織の酸素不足を予防する

Compression（圧迫） 内出血や腫脹を抑えて、回復を早める

Elevation（挙上） 患部を心臓よりも高い位置にして血液循環を抑える。腫脹を抑える

どれも重要ですが、怪我の悪化を予防し、回復を早める効果が高いのがアイシングだと考えていますので、ポイントをお伝えします。

まず、冷蔵庫の氷を使う場面も多いと思いますが、そのままだと0度よりも低く、凍傷の危険性がありますので、袋に少量の水を入れて少し溶かしてから患部に当てるようにしましょう。ビニール袋でも悪くはありませんが、破れてしまったり、均等に当てるのが難しいので、一つ氷嚢を持っていると良いと思います。使わない時にはコンパクトに収納で

き、かさばりません。時間に関しては可能な限り受傷直後から始めて、1回に15～20分程度にして、1時間に1回のペースで受傷から2日間くらい続けるようにするのが効果的であるとされています。

Part 2

サポートアイテムと身体のケア

シューズの選び方

シューズはとても奥が深く、それだけで本が一冊書けてしまいそうですが、ポイントを絞って書きたいと思います。

「シューズは何足あれば良いですか?」とよく聞かれますが、私は最低2種類ですと答えます。「ジョグ用」と「スピード練習・レース用」で、理想的には、それぞれ2足、計4足ほしいところです。

「先生は何足履いていますか?」という質問もよくいただきますが、持っているのは20足以上、実際に使っているのはジョグ用、スピード練習用、レース用、トレイル用の4種類、それぞれ2足ずつ同じモデルを交互に履いていますので8足というのが答えになります。

機能を長く保てるようにするためには、同じシューズを頻用するのはオススメできません。使用したシューズはクッション性が戻るまでしっかりと休ませる必要があります。前にも触れましたが、クッションやサポート機能の落ちたシューズで練習しているとランニング障害が発生する確率がとても高くなります。

基本となるのは間違いなく一番使用頻度の高いジョグ用のシューズですので、迷ったら怪我をしにくいシューズを選ぶのが良いと思います。シューズ選びで気をつけることとしては、以下の3点があります。

①足をしっかりと包み込んでくれる
②接地の衝撃で足にストレスがかかりにくい
③スムースに蹴り出しができる

これが、私の考える大事な点です。具体的に、①は踵と甲の間でのフィッティングが重要ですので、踵の部分が硬くてしっかりとホールドされ、かつシュータンの部分の伸縮性の高く(最近はニット製のものが好まれています)、しっかりと厚みのあるモデル。

②はソールがしっかりとしていて捻れの力に耐性のある(捻りにくく、元の形に戻る力も強い)モデル。

③はソールを曲げた時に全体で曲がるようなナチュラルモデルではなく、親指の付け根から小指を結んだライン上で曲がるモデルが適しています。前足部と後足部がセパレートになっているものが良いでしょう。一体型のフラットソールでは、どうしても全体で曲がってしまうものが多く、足底を鍛えたり、フォームを矯正する目的に使用するのは良いですが、まず選ぶシューズとしてはハードルが高めです。

スポーツショップなどの試足でも、長さや幅のきつさ・緩さ、フィッティングをみるだけではなく、こうしたシューズの特性も実際に触れて確かめてみましょう。

スポーツショップでは、たいてい「レベル別」にオススメモデルが陳列されています。しかし、この**「レベル別」はあくまで参考程度にして、基本的なことですが、自分の足型とフォームに合ったシューズを選びましょう。**

最近では3Dでイメージできるシステムがあったり、複数のシューズメーカー合同のシューズトライアルなどもありますので利用してみましょう。

メーカーによって、ラスト（型）の特徴やコンセプトが大きく異なりますので、比較して自分の目的に合ったものを見つけることが大切です。

ちなみに私は試足をする場合には2日間に分けることにしています。その理由は、時間帯やむくみ具合でフィット感が大きく変わってくることと、迷いをなくすためです。2回履いてみて（可能なら軽く走ってみて）、いい感じであれば合っているということです。自分のメーカーとモデルが定まれば、フルモデルチェンジしない限りはサイズと幅の同じニューモデルを買えば大きな間違いは起こりにくいです。

大人気の「厚底シューズ」

シューズには、デザインはもちろん長さ、横幅、甲の高さ、ソールの厚さなどメーカーによっても多種多様のモデルがあります。

フルマラソンのタイム別に分けられている場合が多く、初心者にはクッション性やサポート性の高いモデルが薦められています。

少し前までは上級者にはソールが薄くて、軽いモデルが主流でしたが、現在ではマラソン日本記録を次々と更新した〝厚底シューズ〟が爆発的に広まっています。

国内外のトップレースはもちろん、身近なところでは箱根駅伝でも多くの選手が着用していますね。シューズの特徴としては、内部の板の反発を推進力に変えるという今までとは全く異なるシステムが導入されています。まさにバネシューズといった印象です。合えば羽が生えたようなフィーリングで記録更新できるかもしれませんが、合わなければ怪我につながる可能性も高いと考えられています。

まずはウォーキングから始め、練習などで短い距離からしっかりと履き慣らして、少しずつ取り入れていく必要があると感じています。

ベアフット

シューズといえば、ドラマで話題になったことで〝足袋シューズ〟も人気に火がつきました。これは「シューズにより足が過保護されてきたため、人間が本来持つ足の機能が低下してしまっている」という問題に対し、最小限のクッションで自然な接地を促すというものです。

初めはヒールストライクや、ちょっとした砂利を踏んだだけでも飛び跳ねるほどの痛みがあり、それを繰り返しているうちに脳が〝痛くないような接地〟を選択し、半強制的にミッドフットやフォアフットに向けて脚とフォームを作っていくことができるようです。

残念ながら私は足袋シューズは履いた経験がありませんが、似たようなコンセプトのサンダルを履いてトレーニングしています。2ヶ月ほど使用しての感想ですが、明らかに今までなかった筋肉が刺激され（筋肉痛になり）、接地もより前方になっています。

雨に濡れたシューズは管理が大変ですが、サンダルなら軽く水洗いして放置しておけばすぐに乾いてしまうのもありがたいです。海にも山にも行けますので、まさにオールラウンダーで期待しています。肉刺ができることもなく、締め具合もワンタッチで簡単に微調整できるのでフィッティングも良好です。慣れればフルマラソンくらいであれば走り切れそうで、楽しくトレーニングしています。

履き慣れていないと足底への衝撃が強いために足底腱膜炎になったり、通常のシューズに比べて安定性を欠くために、捻挫しやすいという注意点があります。〝段差の少ない平地で短距離から〟導入しましょう。

テーピング、ゲイター

皆さんは普段の練習やレースの際に体を保護するためのアイテムを使用していますか？

具体的にはテーピングやタイツ、ゲイターなどのことです。

直前にケガをしてしまったり、慢性的な故障で不安があったりして関節の固定、捻挫や肉離れの予防にテーピングを使っている方もいらっしゃると思いますし、疲労軽減やパフォーマンスアップを期待してタイツやゲイターを使用している方もいらっしゃることでしょう。

私は陸上アスリート専門外来で、治療のためにテーピングを使用したり、オススメすることはありますが、自分の身体に使用したことはほとんどありません。トレーニングで怪我をしにくい身体になったということもありますが、やはり気になって走りにくいですし、テーピングをしなければいけない状態の時には無理をせずに身体を休ませていたということもあります。

その代わりということでもないですが、レースに限ってゲイターを装着していました。

私が初めてフルマラソンを走った時、レース後には、心肺のきつさよりも両ふくらはぎの筋肉の疲労感を強く感じました。走るための知識がついた今振り返れば、ふくらはぎを使って地面を蹴って進むような、いわゆるランニングエコノミーの悪い走り方だったのでしょう。

たまたまレース後に、某メーカーのブースを見つけ、色々な効果を聞いて物は試しにとゲイターを購入しました。

その後、練習では使用せずに、２回目のフルマラソンで初めて使いました。ゲイターのおかげだけではないと思いますが、レース後には初マラソンの時よりもはるかに両ふくらはぎの疲労感が軽くなっていました。それがきっかけで、自分の中で「特別なアイテム感」が強くなり、レースではいつも使用するようになっていました。

ふくらはぎの部位に合わせて適度に圧迫（段階着圧）することで、**走行中の筋肉のブレを抑え、血液が貯まらないようにして疲労感を抑える**と言われています。

効果の感じ方には個人差が大きいと思いますが、最近では東京マラソンや福岡国際マラソン、びわ湖毎日マラソンなどの国内トップレベルのレースでも装着率が高くなってきていますね。

ソックス一体型（ハイソックスタイプ）もありますので、アキレス腱に不安のあるランナーなどは全部カバーしてしまうというのも一つの方法でしょう。タイツを使っていた時期もありますが、やはり走りにくく感じてしまい、冬の寒い時期に保温的な意味合いで使っている程度です。

タイツ

普段の練習でいつもタイツを穿いているランナーも多くいらっしゃいますが、私はあまりオススメしていません。その理由は、トレーニングで鍛えるべき筋肉が効率良く鍛えられなくなってしまうことと、どうしても小さなフォーム（効率の良いフォームではありません）になってしまうからです。

レースでも同様で、途中で暑くなったり、雨が降ったりして、脱ぎたくなった場合に困ってしまい、大きなストレスを抱えたまま走らないといけなくなる可能性が高いからです。タイツにはいい意味でも悪い意味でも〝制限〟があるということを頭に入れておきましょう。どうしても使いたいのであればショートタイツやハーフタイツの方が扱いやすいでしょう。

ソックス

ソックスもとても重要なアイテムだと思います。形や機能も多様化し、様々なモデルがあります。ここでは先がラウンド（分かれていないもの）と5本指の違いについて考えてみましょう。一方の欠点は他方の利点であることが多いです。

まず穿きやすさですが、5本指は1本ずつ入れなければなりませんので圧倒的にラウンドですね。肉刺のできにくさはどうでしょう。一般的には5本指の方が通気性が高く、隣の指との直接の接触もないので、できにくいと言われています。ただ5本指もしっかりと根元まで入れないと逆に肉刺ができやすくなってしまいます。5本指は穿いた時に足先の幅が多少広くなりますので、先の細くなっているシューズではぶつかることもあるでしょう。

力の入りやすさといった機能性についてですが、私は同等と思っています。確かに5本指の方が個々の足の指をしっかりと動かせますので、地面をしっかりと捉えるという意味では効果的に思えますが、指をくっつけた場合の方がより大きな力が入ります。

耐久性についてはややラウンドが有利でしょうか。私は練習では穿きやすさという点から主にラウンドを使っており、レースでは指の感覚を大事にしていたので5本指を使うことが多かったです。シューズとの相性も重要ですので、練習からいろいろなパターンを試してみましょう。

リカバリーについて

練習後のダウンと、アクティブリカバリー

強度の高い練習をしている際には普段よりも下肢への血流が多くなりますが、急にストップしてしまうと、身体に血液が十分に回らず、貧血状態になってしまいます。クーリングダウンでウォーキングなどを取り入れながら徐々にほぐしていきましょう。

また、蓄積した乳酸などの代謝産物を効率良く除去するためにスイムやサイクリングでのアクティブリカバリーが推奨されます。こちらも15分程度で十分で、2～3割程度の軽めの強度の時に乳酸除去率が高くなります。

マッサージやストレッチ

マッサージには、能動的に老廃物を押し流す効果や、筋肉そのものへの血流増加に伴う酸素化という効果があります。肉体的にも精神的にもリラックスでき、身体だけではなく心の疲労も軽減できます。

私は入浴時に湯船の中で行うことで、水圧によるプラスαのマッサージ効果と温熱効果、静かで湿度が高い環境で深呼吸をしながらの安らぎ効果を感じていました。

ストレッチは筋肉と腱の間の相互連携強化、感覚を研ぎ澄まして神経伝達スピードを高める効果、急な運動に対しても事前にしっかりと準備して怪我を予防する効果、リラックス効果が期待できます。主に**静的ストレッチ**（筋肉を伸ばしたままの状態で静止）と**動的ストレッチ**（動きの中で筋肉を伸ばしていく）の2種類に大別できます。

まず静的ストレッチですが、アキレス腱伸ばしや伸脚、前後屈などです。ゆっくりと筋が伸ばされているのを感じながら、マッサージに近い効果が得られます。さじ加減にもよりますが、比較的大きな牽引力がかかりますので、筋肉がしっかりと温まって準備ができていないと怪我につながる恐れがあるというのを頭に入れておきましょう。

またマッサージに近い効果と書きましたが、筋肉が一度緩んでしまうために瞬発力や筋力などが低下します。つまり**運動開始前の準備運動としては不向き**ということになり、練習後で筋肉が温まっている状態での疲労軽減や筋肉痛予防に向いています。

一方、動的ストレッチは、体を動かしながら一緒に筋肉もストレッチするものですので、筋肉が徐々に温まり、動きがついているおかげで可動域も大きくなります。また心拍数も上がり、呼吸数も増えますので、レース前の準備として最適なわけです。実際に走る際の筋肉のパフォーマンスの疑似体験ができるというわけです。私は静的は引き伸ばす、動的は関節を中心に筋肉の自重を使って遠心力で回すようなイメージを持ってやっていました。

交代浴(入浴法)

「シャワーよりも湯船に浸かった方が疲労回復効果が高い」ということは、ご経験されていると思います。そして、入浴をより効率的にする方法がこの**「交代浴」**です。

交代というのは温かいお湯と冷たい水に交互に身体をさらすことです。だいたい5分程度お湯に浸かり、1分程度水に浸かるというのを5回ほど繰り返します。温めることで末梢血管が拡張し、その状態から急激に冷やすことで血管が収縮し、溜まっていた老廃物を押し流し、早期の疲労回復を期待するというものです。むくみの軽減効果もあり、マラソンの後半で脚が重く動かなくなるランナーには特に試していただきたいです。

実際に私が指導している選手でも、**これを毎日1ヶ月間繰り返したことでマラソン後半30km以降の疲労度が劇的に改善した**ランナーが多くいます。特に練習メニューは変更していませんので、交代浴が効果的だったのでしょう。自宅で実践する場合には、5分間肩が隠れるようにお湯に浸かり、冷水シャワーを下半身に満遍なくあててください。最後は冷水で血管を引き締めて終わるというのもあまり知られていないポイントですね。

日々の体調管理のコツ

起床直後の心拍数で、体調管理をする

その日の体調（疲労感）のバロメーターとして、起床直後の心拍数を計測するのがオススメです。いわゆる「安静時心拍数」というものです。疲労が溜まっていたり、ストレスを感じていれば回数が多くなります。

個人差はありますが、私の場合は基本となるベースラインが48回、好調でないと55回くらいになります。約3年間データを取ってきましたが、とても精度が高いと実感しています。まず1ヶ月間毎日計測し、前日に強度の高い練習をした時や、睡眠不足、飲み会明けの時などを除いた平均値がほぼベースラインと考えてください。

マラソンの練習を継続していて、徐々にベースラインが低くなることを一般的にはス

ポーツ心臓と呼びます。トップランナーの多くは徐脈であり、かつトレーニング強度が上がっても心拍数は上昇しにくいという特徴があります。これはレース中にも通じることであり、心拍数の変動が少ないということで自覚的な苦しさを感じにくくなり（変動が大きいとエネルギーロスにより、失速の原因になります）、心肺・脚ともに安定したレース運びができます。またこれを利用して練習強度を決めることもできます。

目標タイムからペース設定をして練習メニューを考えるランナーも多いと思いますが、大体の人にとって、きつすぎることが多いです。そこで、心拍数管理をすることで現状の実力に合わせてトレーニング強度を組み立てることができ、オーバートレーニングを防止しながら、疲労度を考慮したオーダーメイドメニューが作れます。怪我などで走るトレーニングができない場合にはそれ以外の方法で、心拍数を上げるトレーニングを継続することが復帰を早めます。

心拍数の見方と、尿の色

インターバル走などの直後は心拍数が急上昇します。速く走るためには、酸素を運ぶ血液を、身体の隅々に送り込まなければならず、心臓からの心拍出量（1回拍出量と心拍数の積として算出)を増加させる必要性が高まるためです。

先ほど述べた「心拍数が上がりにくい」という物差しの他に、どのくらいの安静(休息時間)で定常心拍数に戻るかということでも耐性を推しはかることができます。たとえば同じメニューをしても、半年前には元に戻るまでに10分かかっていたものが、5分に短縮すれば成長していると判断することができます。

身体が研ぎ澄まされてくると、完全休息ではなく、ゆっくりとしたジョグでもすぐに戻るようになります。これはインターバル走の休息法にも応用できます。

尿の色については、いろいろな条件に左右されますので一概には言えませんが、脱水になると通常よりも濃いオレンジ色の濃縮尿となります。皆さんの中にも追い込んだ練習やレース後に尿が赤っぽくなった経験のある方は多くいらっしゃると思います。

報告によってはマラソンランナーの半数近くに経験があると言われています(私もあります)。

原因はいくつか報告されていますが、ランニングによって腎臓が上下に揺さぶられたり、着地衝撃によって足裏で赤血球が壊れたり(溶血)して、赤血球が尿中に漏れ出すものをへモグロビン尿と言います。また、激しい運動により筋肉、特に横紋筋が壊れて尿中に漏れ出すへモグロビン尿もあります。

ほとんどが自覚症状に乏しい無症候性血尿であり、どちらも通常は1～2日程度で消失することが多いです。長く続く場合や頻度の高い場合には他の原因も考える必要がありますので、病院に行きましょう。

運動により組織での酸素需要が増えることで、腎臓の血流低下により吸収が低下してしまい、赤血球が漏れ出るのと同様にタンパクが漏れ出る場合があり、これをタンパク尿と呼んでいます。これは肉眼的には大丈夫でも検査で分かりますので、定期的な健康診断は必須ですね。

意外と知らない「貧血」の怖さ

本章冒頭のランニング障害以外にも、長距離ランナー特有の問題が二つあり、私は広義のランニング障害と考えています。その二つ「貧血」と「オーバートレーニング症候群」について、本項と次項で解説いたします。

同じ練習をしていても、以前より疲れやすくなったり、きつくてこなせなくなったなど、パフォーマンスが低下したり、だるさが出ている場合には**「鉄欠乏性貧血」**の可能性が考えられます。私の外来では、そのような方には一度採血をオススメしています。本当におげさではなく、ただ貧血の治療をしただけで練習がとても楽になり、一気に記録が伸びた選手を数多くみてきました。

そもそもなぜ陸上選手（主に長距離ランナー）は貧血になりやすいのでしょうか？　貧血の原因は鉄不足であり、鉄欠乏性貧血であることがほとんどです。**鉄が不足する原因として**

は「摂取不足」と「喪失過剰」の二つに分けられます。

まず摂取不足に関してですが、皆さんは必要十分な鉄を摂取できているでしょうか？ それぞれ自身の食生活を振り返ってみてください。しっかりとした根拠と自信を持って答えられるランナーには釈迦に説法ですが、知っているようで知らない方も多いと思いますので、貧血に良い食事のポイントについて書きたいと思います。

まずは基本ですが、1日3食なるべく固定した時間に規則正しく、バランスよく食べることです。忙しくて朝食を抜いたり、就寝直前に食事をしたり、過度な間食をしたりするのは良くありません。実際には長距離ランナーの中には体重コントロールのために極端な食事制限をしている選手も非常に多くいます。

次に鉄を多く含んだ食品を多めに摂るように心掛けましょう。特に体内吸収効率の高いヘム鉄を多く含む肉や魚などの動物性食品がオススメです。一緒に**鉄の吸収率を高めるビタミンC**を摂取するのも忘れないでください。食事の際にコーヒーや緑茶を飲む習慣のあるランナーは注意が必要です。これらの飲み物に含まれるタンニンという成分が鉄とくっつくことで吸収を阻害してしまいます。

次に喪失過剰についてですが、長距離ランナーは必然的に練習での走行距離が長くなりますので、発汗も多くなり、鉄分も身体から一緒に流れ出てしまいます。ロードを多く走っている場合にも、着地衝撃により足底で赤血球が壊れてしまうこともあります。さらに女性では生理出血もあり、鉄欠乏性貧血になる要素がたくさんあります。

「鉄剤注射」には要注意

昔からドーピングに関連して、アスリートが不適切な鉄剤注射を使用し、パフォーマンスアップを図っていたというニュースを見たことがあるのではないでしょうか。現役アスリートはもちろん〝未来の〟アスリートである中学生や高校生のジュニア世代にまで広がってきており、大きな社会問題として注目されています。中高生への鉄剤注射が軽々しく行われ、合併症により選手寿命を縮めてしまうというニュースもよく目にします。

現に、全国中学校駅伝大会の出場校には、鉄剤注射の使用状況について文書での申告が義務付けられ、全国高校駅伝大会でも同様にして、出場選手全員の血液検査と身長・体重計測の結果提出が義務付けられました。日本陸上競技連盟でもガイドラインを発行して、不適切な鉄剤注射の防止を呼びかけています。

このような背景には「気軽に打てる注射」という認識が監督・コーチや選手自身にもあ

ることや治療に即効性があるということがあります。

しかし、**貧血治療の基本はあくまで朝昼晩の食事**であることは決して忘れてはいけません。私が病院で指導する際にもまず食事改善です。それでも改善がみられなければ、注射ではなく経口鉄剤の摂取、つまり内服となります。

つまり、注射はどうしても必要な症例にのみ使用が許された最後の手段ということになります。具体的には、内服薬の副作用により経口摂取での治療が困難な症例、出血などによる鉄の喪失、内服では間に合わずに急を要する場合、消化器の病気で内服困難な症例などです。実は私も鉄欠乏性貧血で、食事のみでは改善せず、一時期鉄剤内服も併用しておりましたが、鉄の味で決して飲みやすいものではありませんでした。

治療の順序を守るということが、自分の身体を自分で守り、後述する副作用を防ぐためにも大事になってきます。陸上選手では、年齢や種目にもよりますが、ヘモグロビン値として男性14g／dl、女性12g／dlというのが下限の目安となります。

通常の採血ではヘモグロビンの値しか検査しませんが、もう一つ「フェリチン値」というのも貧血の把握のために大切になります。これは組織の中に蓄えられている鉄のことです。鉄欠乏の指標であり、血清フェリチン値が12ng／ml未満は鉄欠乏状態と考えます。

ヘモグロビン値とともに治療の要否にはもちろん、治療効果判定や副作用の有無（鉄過剰の予防）や治療終了のタイミングを決める上でも重要です。

貧血に対して、鉄剤内服による治療をしている場合に、ヘモグロビン値が正常化した時点で「治った」と思って、治療を終了してしまうと、十分な貯蓄がないわけですから、またすぐに鉄欠乏性貧血になってしまいます。フェリチン値が正常化して初めて効果的な治療となるということを忘れないでください。

私は自身の経験からもプラス3ヶ月くらいの継続を推奨しています。貧血は症状として現れた時にはすでに進行している場合も少なくありませんので、自覚症状があればすぐに、なくても定期的に採血で血液の状態を把握しておくことが大事です。

漫然とした鉄剤注射がなぜ悪いのかと言いますと、人間には体内から積極的に体外に出すというシステムがないために、頻回の鉄剤注射により鉄が過剰となってしまうと鉄中毒の状態になってしまうからです。症状は頭痛や嘔吐などの軽いものから、ショックなど命に関わる重篤なものまであります。また余分な鉄剤が心臓や肝臓などの臓器に沈着して不整脈や心不全、肝障害を引き起こします。一度このようになってしまうと長期にわたるパフォーマンスの低下は必発であるということが容易に想像できますね。

オーバートレーニング症候群

「オーバートレーニング症候群」という名は、あまり聞きなれないかもしれませんが、メンタルの問題で、燃え尽き症候群と似たようなものと考えていただければと思います。

「トレーニングによるストレスとトレーニング以外のストレスが蓄積した状態であり、生理的または心理的な兆候や症状の有無にかかわらず、長期間にわたってパフォーマンスの低下を引き起こすもの」と定義されます。

十分な休養を取らないできつい練習を継続し、心身の疲労が極限に達した状態のことです。主な症状として、不眠や（寝ているはずなのに）疲労の抜けの悪さ、練習したくなくなる、走ること自体にも興味がなくなってしまうといったものが挙げられます。

ここで問題となるのが、ただ休んだだけでは回復せず、数週間から数ヶ月以上かかることもあるという点です。

オーバートレーニングになりやすい人

まずオーバートレーニングに対する正しい認識と知識を持つことが大切です。また、自分の心身の状態を客観的に把握できる物差しを持っていると、ストレスが溜まっている時には無理しないように予防できますので、深刻になる前に対処できます。

事前の対策として、無理のないトレーニング計画を立てるというのもポイントです。トレーニングによる心身への負荷と、それらの回復のバランスが取れるように心掛けましょう。私は毎日の練習日誌に**起床時心拍数やメンタル状態、練習強度や主観的な疲労感**を記載していましたが、まとめて振り返ってみると好調不調の波や浮き沈みの波など自分自身の状態がとても良く分かります。

「あの時は仕事で疲労が溜まっていたのに無理してしまったな」「大会にかける想いが強すぎたために走りすぎてしまったな」「調子が良くてポイント練習の頻度を増やしたために故障してしまったんだな」など、具体的に自分のパターンを知ることができます。

怪我・故障をしない身体作り

本章では、「いかにして怪我・故障を防ぐか」という観点から、解説してきました。実際のところ、「故障しない身体作り」は奥が深いテーマで、この章だけで語り尽くせたとは言えません。

最も重要なのは「どのくらい自分の身体の特性（フォームも含めて）を把握できているか」ということです。

故障しない身体作りというのは①「怪我をしにくい身体」、②「怪我をしてしまってもすぐに復帰できる身体」の2本から成っていると思います。まさにスーパーマンのような強いランナーですね。

①に重要なのは、ランニング障害予防の知識と適切なギア選び、身体の芯（体幹）の強さ・安定化、故障しにくい大きな筋肉を使う能力だと思います。

②には身体の疲労や異変といった前兆にいち早く気付き、身体の声に耳を傾け、適切な休息をとること、重症化させずに軽症の段階で留めること、治療はもちろん再発防止に重きを置いたリハビリメニューの設定が大切です。

また、定期的に貧血チェックも兼ねてメディカルチェックを受けることをオススメいたしますが、さらに重要なのは毎日のセルフチェックです。これでより早期に、より鋭敏に障害に至る前段階の〝違和感〟を捉えることができます。練習意欲、睡眠、食欲、便通がいつも通りなのか自問し、安静時心拍数や体温、体重の変動などから体調を総合的に判断し、どこがどのように調子が悪いのかを具体的にメモする習慣を身につけましょう。それを繰り返すことで、季節的な変動や練習内容に対する精神的・身体的反応に関して自分だけのパターンが見えてきます。それをトレーニング計画に反映することで、貧血などの内科的問題、オーバートレーニングなどの精神的問題、ランニング障害などの整形外科的問題を回避して、最適で最強のセルフオーダーメニューを完成させることができます。

第4章

食事と睡眠

Part 1

ランナーのための栄養学

マラソンとタンパク質

タンパク質は糖質・脂質とともに三大栄養素と呼ばれており、私たちが生命活動をするためになくてはならないものです。

様々な働きがありますが、マラソンを例に挙げますと、何といっても走るための筋肉の主成分であり、酸素を運ぶ血液の元にもなります。タンパク質は分解と合成を絶えず行い、身体を維持し、時にエネルギーとしても使われます。

タンパク質は「アミノ酸」によって構成されており、体力や免疫に大きな影響を与えています。そのうち、体内で合成されず、食事から摂取しなければならないものを「必須アミノ酸」と呼び、その含有率を評価する数値を「アミノ酸スコア」と呼びます。

タンパク質を摂る際には、アミノ酸スコアが高い、つまり必須アミノ酸がバランス良く、かつ多量に含まれている食品を積極的に選びましょう。具体的には、大豆、鶏肉、卵、豚肉、アジ、鮭、カツオ、牛乳、牛肉などが挙げられます。

成人のタンパク質の必要量は体重１kgあたり１gと言われますが、マラソンのような持久系競技では１kgあたり１・４gが目安となります。トラック競技や投てき競技、トレイルランなど持久力以外に筋力や瞬発力が総合的に必要とされる場合には１・８gと少し多めになります。

ＢＣＡＡは「効く」のか？

もう少し細かく見ていきます。私がアミノ酸の中で最重要と考えているものの一つにＢＣＡＡがあります。

皆さまも、補給食の成分表などに記載されているのを見たことがあるのではないでしょうか。これは分枝鎖アミノ酸と呼ばれ、筋肉に多く含まれています。蓄えられたＢＣＡＡは強度の高い運動をした際にエネルギーとして活躍します。

筋肉中のタンパク合成を促し、分解を抑えることで、**インターバル走などのポイント練**

習で筋肉が壊れることを予防し、結果的に**疲労回復への効果**が期待できます。雑誌などで「有酸素運動などゆったりとした運動では脂肪が燃焼し、ダッシュなどのきつい運動ではタンパク質が使われる」といった記載がありますが、解説するとこういうことになります。

注意すべき点は、これらは前述の必須アミノ酸であるため、体内で作り出すことができず、**食事から効率的に摂取しなければならない**ことです。食事だけではどうしても不足してしまう場合に限っては、練習前や練習中に摂取しやすいタブレットや顆粒を併用するのもオススメです。

他にも脂肪燃焼を効率化する効果もあり、脚が重くなって失速の原因になる「乳酸産生」が抑えられることで、マラソンにおける最後まで走りきる身体をサポートします。また、過度な練習によりバランスが崩れやすい免疫力を強化させることで、レース前に風邪をひいたりする確率を下げ、強い身体作りにもつながっていきます。タンパク質、さらにアミノ酸がマラソンの練習を継続していくためにも非常に重要であることが分かりますね。

その他の重要な栄養素

栄養素はバランスよく摂取することが大事なので「これだけ摂っていればいい」という

ものではありませんが、「不足しがちな鉄分の吸収を助ける**ビタミンC**」と「疲労回復効果を持ち、糖質をエネルギーに変換する際に消費される**ビタミンB1**」は、ランナーにとってポイントになるものです。**これらが欠乏すると、マラソンで最重要の「最大酸素摂取量」が低下するということが研究で分かっています。**

アスリートにとって糖質は不可欠ですが、ビタミンB1が不足していると糖質をエネルギーに変えることができなくなります。糖質摂取が多くなる時には、ビタミンB1を多く含む豚肉や大豆、緑黄色野菜を積極的に摂りましょう。ジュースやお菓子を摂りすぎると、大事なビタミンB1が無駄に使われてしまいますので、気を付けましょう。また、身体の調子を整えるために、マクロミネラル（ナトリウム、カリウム、マグネシウム、カルシウムなど）も意識して摂取しましょう。牛乳であればコップ2〜3杯くらいです。

間食は「補食」に

ランナーの食事で何よりも重要なのは**「朝昼晩の3食で必要十分な栄養素を過不足なく摂取すること」**です。そのメインの食事の間に食べ物を摂ることを間食と言いますが、いわゆるお菓子などがこれに当たります。

お菓子は一般的にカロリーが高く、脂質が多く含まれているものが多いですので、摂取時間と摂取量には十分に気をつけましょう。少量であればリラックス効果やストレス解消効果が期待できますが、日中の時間帯に留めましょう。身体活動量の落ちる夕食後は過多となり脂肪に変わりますので、注意が必要です。

そこで罪悪感を感じずに、身体のコンディショニングや疲労回復にもオススメなのが補食という方法です。食事の合間に食べるという点では間食の一部なのですが、必要なものをベストなタイミングで摂取するという点が極めて重要で効果を引き上げます。

まず摂取時間ですが、練習2時間前から1時間前までのゴールデンタイムならぬシルバータイムが良いでしょう。夜に練習をする際には昼食からも時間が空いてしまいます。血糖値が低下したりエネルギーが不足したりすると、練習自体がこなせなかったり集中力が落ち、怪我をしやすくなります。

食べ物は胃もたれしにくく、消化吸収のよいゼリーやバナナがおすすめです。バナナはマグネシウムやカリウムなどのミネラルも豊富に含んでいますので、足つりにも効果的ですね。私はゆで卵とミックスナッツ（無塩ローストのもの）、小魚アーモンドあたりを好んでいます。仕事が終わって帰宅後に練習される場合は、夕方頃にこれらのものを軽く摂取しておくとよいでしょう。

練習やレース直後に糖質とタンパク質

ポイント練習などのスピード系の練習や、脚への負担の大きいレースを走った後には筋繊維が破壊されます。そこで、速やかに修復を促す栄養を摂ってあげることが極めて重要です。修復に適した時間、いわゆる「ゴールデンタイム」は、これまで30分以内と言われていました。しかし「早ければ早いほどいい」というデータが出てから、**練習直後の補給が本当の意味でのゴールデンタイム**と考えられています。箱根駅伝の有力チームでも、タスキ渡し直後に補給をしている光景をテレビで見たことがある方もいらっしゃるのではないでしょうか。

そうは言いましても、全力を出し切った直後にばくばく食べられるランナーはほとんどいませんし、胃腸の血流が落ちているところにたくさんのものを入れても不消化に終わってしまいます。

ここで強調したいのは、量よりも質、つまり中身ということです。「練習後にプロテイン」という言葉が先行していますが、それだけでは不十分ですし、タンパク質はあまり多く摂っても吸収しきれません。タンパク質はもちろん重要ですが、私は**炭水化物（糖質）と水分をしっかり摂ることの方が重要**と考えています。固形物が大丈夫な方であれば、鮭おにぎりやツナおにぎりはとてもバランスがいいです。難しければゼリー飲料で代用することも可能です。この際にも糖質が十分に含まれているのを確認して摂取しましょう。吸収を促進するビタミン類も含まれていれば最高ですね。

練習中の携帯食と摂取タイミング

皆さんは練習やロングジョグの際に何か携行していますか？ 多くのランナーは水分（スポーツドリンク含む）、ゼリーやバーなどの補給食を持っていると思います。私は公園などの水場が5㎞以内にあるコースを設定していますので、水分は持ちません。ゼリーは万が一に備えて一つだけポケットに入れていますが、途中で摂った記憶はほぼありません。まさにお守り代わりです。

その理由は、レースでは水分を持たないで走るため、練習時から同じ感覚を持っておきたいからです。通勤ランでザックを背負ったりしているランナーも両肩に力が入るためにフォームが崩れやすくなりますので、要注意です。

もう一つは、脂肪をうまくエネルギーに変換でき、エネルギー不足になりにくい身体に近づいているためだと思っています。十分な糖質がなくても、脂肪を優先的・効率的に利用してエネルギーを作り出す。いわゆるケトン体質のことです。危険ですので、真似はしないでもらいたいですが、無補給でも3時間くらいは走れてしまいます。

水分を摂るタイミングですが、喉が渇いたと感じた時にはすでに軽い脱水状態にありますので、早めかつ少量ずつを心がけましょう。5㎞ごとに1回とか独自のルールを決めてしまうのも良いでしょう。

日本スポーツ協会は、マラソンのような持久系の競技の場合、競技前に250〜500ml、競技中は1時間ごとに500〜1000mlの水分摂取を推奨しています。

これはウルトラマラソンやトライアスロンなどの長時間にわたる競技にも応用でき、その際にはナトリウムやカリウム、マグネシウムなどの電解質も一緒に摂るように心がけましょう。給水所が見えてきたらタブレットや顆粒を食べ、口腔内に残ったものを水分で流し込むという方法もあります。

水分ばかりを摂っていると、お腹がチャポチャポするくらいであればまだいいのですが、低張性脱水と言って、水分は足りているのに血液が薄まったような状態になり、危険です。普段の1時間くらいの練習では練習前と練習後に合わせて500ml、練習中に500mlが最低ラインとなります。夏場で気温や湿度が高かったり、練習強度が高い場合には少し多めに摂りましょう。

カーボローディング

マラソンランナーであれば一度は「カーボローディング」という言葉を聞いたことがあるかもしれません。レース前に炭水化物をたくさん摂るというようなイメージの方が多いのではないでしょうか。カーボ（カーボハイドレート・炭水化物）＋ロード（蓄える）ということです。

炭水化物は糖質と食物繊維から成りますが、ここではエネルギーという観点から糖質に着目します。カーボローディングに成功すると、筋肉や肝臓に通常の２〜３倍の糖質を蓄えることができます。以前は〝古典型〟カーボローディングと言われる方法がありました。レースの10日もしくは１週間前くらいから糖質を減らした食事をし、練習ではきつめのメニューで糖質を消費します。レース３日前くらいからは糖質を極端に増やした食事をし、練習量をかなり抑えて休養をとる方法です。まとめますと、前半に体内の糖質を限りなく枯渇させ、後半、一気に糖質を蓄えるというものです。

一方で最近では〝改良型〟ということで、全体的に練習も食事もマイルドにして極端なことをしない方法がオススメされています。レースの４日もしくは３日前くらいまでは通常の食事をし、練習量は普段よりも少し軽めにします。その後は糖質を若干多めにした食事を摂り、練習量を落としていきます。こちらは糖質の摂取量は古典型よりも少ないですが、消費を抑えることで体内への蓄えを増やそうという考えです。

スポンジでたとえると、古典型のようにカラカラに絞ってから水分を吸わせた方が吸収効率はいいですよね。いわゆるリバウンド効果です。タイミングが合えば最高の状態ができあがる可能性を秘めていることも事実です。

一方で食事や練習の急激な変化によって体調を崩したり、怪我をしたり、ストレスを溜めたりする可能性も高くなります。マラソンというスポーツはメンタルの安定がとても重要なファクターになりますので、可能な限りリスクは避けたいところです。

改良型のように水分が絞りきれていなくても少しずつでも吸収されれば、最終的には同等の水分を蓄えることができますね。身体になるべく負担の少ない状態で、かつスタートラインではエネルギー満タンで臨みたいところです。

食べたほうがいいものと、適切な摂取割合

最近は糖質制限ダイエットが人気ということもあり、糖質について解説する書籍や雑誌

が多いですね。カーボローディングでも同様に「食べた方がいいもの」や「食事中に摂取する適切な割合」がありますのでご紹介いたします。

糖質は大きく単糖類と多糖類に分けられます。単糖類というのは果物やお菓子などの甘いものに代表され、摂取後速やかに消化吸収され、すぐにエネルギーとして使われるようになりますが、身体にはあまり蓄えられません。不要というわけではなく、その特徴から、レース中の補給には単糖類のブドウ糖タブレットが即効性があり有効です。

一方で多糖類というのはいわゆる主食のごはん、パン、パスタ、うどん、ジャガイモなどのデンプンを多く含む食品に多く含まれ、消化吸収に時間がかかりますが、筋肉や肝臓に蓄えられ、持久系競技でのエネルギーとして大活躍します。吸収が速いか遅いかというのは重要です。仮にレース中のエイドでおにぎりを食べても、実際のエネルギーとなるのはレース後ということもありえますので、事前に摂取しておく必要があります。

皆さんが食べている普段の食事では、だいたい糖質が50～65％前後となっています。極端に100％にするのではなく、胃腸の負担を抑えながら70％程度を目安として、タンパク質や脂質もしっかりと摂りましょう。吸収を助け、身体のバランスを整えるビタミンやミネラルも重要です。

カーボローディングは実際に効果が証明されており、トップランナーの間でも広く取り入れられています。私も改良型を経験し、メリットが大きいことを実感していますが、最後にカーボローディングのデメリットの話をしたいと思います。それは**体重が増えすぎる可能性がある**ということです。糖質は、体内では「グリコーゲン」という形で貯蔵されますが、このグリコーゲンが1g吸収される際に3g近くの水分を一緒に連れてくるからです。だいたい1～2kgくらい体重が増えます。増えたのは水分なので脂肪がついたわけではありませんが「カーボローディングをして、身体が重くなった」という声もよく聞きます。この体重増加は、人によっては気になるかもしれません。

私の場合は、だいたい1・8kgくらい増えます。もともと体重が少ないこともありますが、効率的にエネルギーを蓄えることで、レースで重いと感じたことはありません。無敵のエネルギータンクを内蔵しているような感覚すらありました。

体重はあくまで結果であり、気にしすぎるものの逆効果ですので、食事内容と練習内容に意識を傾けましょう。

ランナーと水分補給

ウォーターローディングとグリセリンローディング

カーボローディングについては前項で述べましたが、これは糖質であるグリコーゲンを満タンにしてスタートラインに立つというものでした。同様にして水分も満タンにできれば鬼に金棒です。そこで私も実践して効果を実感できた**ウォーターローディング**をご紹介します。

ランニングブームと共にカーボローディングが脚光を浴びましたが、ここ数年は異常気象や熱中症対策という話題と共に〝水分の摂り方〟も注目されるようになりました。

私がチームドクターを務めていた実業団チームでも、食事以外の水分にもとても気を遣っていました。注目すべきは内容と量です。特に合宿では、栄養士が栄養バランスの整った献立を考え、調理師がそれに沿って調理してくれます。水分に関しても牛乳やお茶、果汁100％オレンジジュースなどが出され、毎回水も用意されています。糖質過多の清涼飲料水やコーヒーなどはありませんでした。

印象に残っているのは食事中も食事外でも、いわゆる**がぶ飲みをしている選手を見かけなかった**ことです。常に500mlのミネラルウォーターのペットボトルを持ち歩き、少しずつ摂取していました。振り返ってみればこれこそまさにウォーターローディングだったのです。

人間の身体は、65〜70％が水分でできていますので、脱水になれば一気にパフォーマンスが低下し、最悪の場合には死に至ります。身体を動かせば体温が上がりすぎないようにと汗が出るわけですが、気温や湿度が高かったり、運動強度が高いほど顕著になります。

医学的なデータとしましては2％の水分が失われるとパフォーマンスが低下し、脱水の危険性が高くなります。つまり**2％未満の消耗に抑えることができれば安定したパフォーマンスを発揮できる**ということにもつながります。

これは口渇を感じ始めるサインともおおむね一致しており、すでに軽い脱水状態とも言うことができます。脳は口渇という危険信号を感じてしまうと、どんどん身体に水分を取り込むように指示します。そこでがぶ飲みという行為が出てくるわけです。気分的には一気に満たされることで幸福を感じますが、身体は逆に大量の水分の処理に大慌てとなります。運動により機能が落ちているところに予期せぬ水が流れ込んでくるので、必死に外に出そうとします。脱水になっている体の中に取り込みたいのにほとんどが尿として排出されてしまいます。これでは意味がないですし、胃や腎臓にも負担がかかりますし、走りにくくなります。

発汗などの水分消失に対して、水分ばかりを摂っていると電解質の濃度が低下して低張性脱水という症状になります。水中毒とも言われ、脱水の補正のために水や、濃度が薄めのスポーツドリンクばかりを摂取していると腎臓の処理能力を超えてしまいます。その結果、ナトリウムの濃度が低下し、希釈性の低ナトリウム血症として痙攣《けいれん》を起こしたりします。マラソン大会中や練習中に痙攣で倒れるランナーの中にも相当数隠れていると考えられています。カーボローディングと同じく、どか食いではなく、**少しずつ、内臓に負担をかけないように身体の中に蓄えていくイメージ**が大切です。その少しずつというのは具体的には1回に150〜200ml（コップ1杯くらい）、1日のトータルで1000〜1200㎖が目安となります。これを大会予定の1週間から5日前から始めてください。

カーボローディングと併用しているランナーもいらっしゃいますが、摂取時間をずらして重ならないようにしたり、起床後、朝食前や就寝前に積極的に取り入れるのも良いでしょう。リラクゼーションや疲労回復を促す効果も期待できます。

水の種類は蛇口を捻れば出てくる水道水でもいいのでしょうか？

答えはＮＯです。水は硬度の違いにより、大きく軟水と硬水に分類され、ＷＨＯ（世界保健機関）によって、カルシウムやマグネシウムの含有量で規定されています。具体的には硬度１２０㎎未満が軟水で、１２０㎎以上が硬水です。

水道水は軟水に分類され、まろやかで飲みやすいのですが、ミネラルが足りませんので硬水がオススメです。ただここで注意したいのが、硬度が高すぎても下痢をしやすい（その特性を逆手にとって、硬度１５００くらいのものは、便秘解消を目的としてダイエットにも利用されています）ので、苦さを緩和するためにも適度な硬度のものを少量ずつ摂りましょう。

海外旅行で、水により胃腸の調子が悪くなる人も多いですが、細菌などの感染症だけでなく、水そのものの硬度によるものがあります。一般的に海外では硬水が使用されていることが多いですので、海外レースを走る際には十分注意しましょう。ちなみに私はどこのお店でも手に入るものを２種類飲んでいましたが、いずれも硬度３００前後で、お腹の調子を崩したことはありません。

ここまでのウォーターローディングをより効率的にしたのが「グリセリンローディング」です。グリセリンは体内で合成されて、水分と一緒になりやすいという性質があります。簡単に言い換えますと、グリセリンが摂取されて細胞内に入った際、細胞外の水分を一緒に細胞内に連れてきてくれますので、より多くの水分を細胞内に保持する「細胞内貯水」ができます。

細胞外にある水は汗や尿として放出されやすいですので、細胞内に取り入れてしまうことにより水分が失われにくくなるという理論です。これは従来の浸透圧差を利用して取り込むスポーツドリンクよりも即効性があり、持久性もあります。マラソンはもちろんサッカーやトライアスロンなどのトップ選手も積極的に取り入れています。水１０００㎖に、グリセリンのタブレットや粉末を溶かして使用するものがいくつか出ています。

このような事前の工夫により、目に見えないレベルで身体も装備も軽量化してレースに臨めることは、大きなアドバンテージになると思います。全く知らなかった方には大きな伸び代となりますし、少し知ってはいたけれどもよく分からずにやっていなかった人は少なからず効果を実感できるはずです。

Part2

記録を伸ばす生活習慣

必要な睡眠時間

突然ですが、皆さんは何時頃に寝て何時頃に起きているでしょうか？　平均睡眠時間はどのくらいでしょうか？

日本人の平均データでは7時間半程度という報告があります。これは年齢による影響も受けやすく、個人差もとても大きいので参考程度に考えてください。「8時間や10時間くらい眠りましょう」と推奨されていることも多いですが、決して万人に当てはまるものではありません。

たくさん寝なければダメな人もいれば、少し寝れば大丈夫な人もいます。37歳の医師である私は7時間くらいです。一般的に、歳をとるごとに睡眠時間は短くなる傾向にあり、平均値では10歳ごとに10分程度短くなると言われています。

現在、成人の4割が6時間以下と睡眠が十分でないという報告もあります。あまりに睡眠が不足していると、居眠り運転をして交通事故を起こしたり、集中力を欠いて仕事に支障をきたしたり、生活習慣病にかかりやすくなったりします。

マラソンの練習をしている私たちに当てはめてみましょう。きつい練習をした後にしっかりと休養できないと、次の練習ができなかったり、筋肉へのダメージが蓄積して怪我につながったりしてしまいます。睡眠や休養というのはパフォーマンスや怪我のしにくさと密接に関わっています。睡眠時間が十分でなかったり、**慢性的な睡眠不足の状態が続くと集中力が落ち、筋肉や疲労を回復するホルモンの分泌が減少し、免疫も落ちるというデータも多数あり、科学的に証明されています。**これは市民ランナーだけではなくトップアスリートにも共通し、強い選手は質の高い睡眠をとっているということです。

ここまでの流れで質の高い睡眠をとるためにはどうすれば良いかを知りたくなったのではないでしょうか。興味を示していただけた皆さんはレベルアップ間違いなしですね。これこそが私が一番伝えたいことで、極めて重要なことだと思っています。つまり軽視されがちな睡眠についてしっかりと考え、重視するということです。それでは具体的なポイントを私の実践例も含めてお教えします。

①目を閉じるということ

これは視覚的な情報を遮断するという意味でも、簡単でありながら効果的です。航空機の中でアイマスクをしている方も多いですね。眠れていなくても目を閉じているだけで成長ホルモンをはじめとした身体修復ホルモンが分泌されます。寝る前にパソコンやスマートフォンの画面を見るというのも脳が興奮してしまい睡眠導入が遅れ、質を下げますので要注意です。私は遮光カーテンを利用して、可能な限り部屋を暗くしています。外部の音を遮断するという副次的な効果も期待できます。

②睡眠開始時間と起床時間をなるべく一定にする

人間には体内時計や日内リズムが備わっています。生活リズムと言い換えてもいいかもしれません。夜遅くまでお酒を飲んでいたり、極端に夜更かしをしたりするとリズムが崩れてしまいます。予定より早く起きてしまったり、逆に起きられなかったりといったことが起こり、数日間続くこともあります。海外旅行での時差ボケがわかりやすい例です。航空機の中で到着地の時間に合わせながら睡眠時間を調整したりしていますね。

私も20代の頃は救急病院での勤務や当直が多く、常に緊張して脳が覚醒した状態でしたので、振り返ればハチャメチャなリズムになっていました。もうあの頃の生活はできない身体になってしまいました。若いうちはきつい練習を続けたり、あまり眠らなくても無理ができてしまいますが、30代になってからようやく身体に気を遣えるようになりました。というよりも今までできていたことが同じ休息と強度でできなくなったということです。リズムを一定に保つという観点からも、休日にまとめて眠ったり、長い昼寝をしたりするというのは、かえって疲労感を助長することもありますのでオススメしません。

③就寝直前には食事を摂らないようにする

睡眠中は胃腸の働きも低下し、代謝も落ちますので、体重（脂肪）が増えやすくなります。胃もたれもしやすく、翌日にも悪影響を与えます。摂取した食べ物を頑張って消化することにエネルギーが使われますので、身体も休まりません。

④身体にあった寝具を使う

枕が変わると眠れなくなるといった話もよく聞きますが、アイテムひとつで睡眠を快適化できるのも特徴です。私は枕の高さを低くしてから劇的に快眠できるようになりました。高すぎる枕を使っている割合が多く、頚椎の湾曲にもよりますが、３～５㎝くらいで十分とも言われています。今使っている枕の高さを測ってみてください。新たに新調しなくても、バスタオルを折りたたんで試してみるだけで効果が実感できるかもしれません。

⑤冷暖房を使いすぎない

快適な環境にいる時間が長いとそれに慣れてしまい、気候の変化への対応が鈍くなる恐れがあります。夏場の暑い時期に炎天下での練習をしなさいという意味ではありませんが、暑熱順化に時間がかかり、秋冬のレースに向けて練習を積みたい時期に遅れを取ってしまいます。マラソン大会は、気温が低く記録の出やすい秋後半から冬（11月後半～3月前半）に集中していますが、同じ時期の同じ大会でもレース環境は毎年変化します。レース中にも、急に雨が降って寒くなってきたり、逆に日差しが出て暑くなったりということはよくあります。そこで自分が持っている力を引き出し、いかにうまく対応できるかが快走への鍵となります。身体を様々な環境に慣らしておくことで、適応力が上がり、ライバルに差をつけることができるのです。

私は、夏場は熱中症に気をつけながら、エアコンはあまり使わずに扇風機を利用してエアロバイクでトレーニングをしています。身体に直接当てることで体表を冷却でき、比較的涼しく感じながら、きついトレーニングもこなせます。

冬場はアウターとインナーの間の層にシェルを着ることにより動きの妨げを最小限に留め、体温調節もしやすくなるよう工夫しています。またエアコンの温度をあまり上げ下げせずにサーキュレーターで空気を循環させて室温を調整することも順化にとても効果がありました。

夏も冬も全ての季節に共通することですが、基本となるウェアはあまり厚着せず、末梢をサポートするゲイターやアームカバー、ネックウォーマー、ソックス、グローブなどの小物で調整する習慣を身につけましょう。そうすることで、練習中も含めてストレスが減り、レース中の的確な判断で足し引きがスムースにでき、ロスを減らすことにもつながります。普段から様々なギアに慣れ、着けていない時と着けた時の感覚の違いを認識しておきましょう。常に個々のギアのメリットとデメリットを考えて選択することも合わせて重視しておきます。

適正体重の見つけ方（除脂肪体重）

マラソンにおいて「体重」はとても難しい問題です。同じエンジンがあれば車体は軽い方がスピードが出ますが、なかなか上手くいかないのが実情です。

マラソンはボクシングや柔道、レスリングなどの階級別競技ではなく、相撲のように無差別競技であります。相撲は体の大きな重い力士の方が一見強そうですが、あまり重くなりすぎても動きが鈍くなり、負けてしまいます。

マラソンではどうでしょうか。テレビ中継でトップランナーを見ていて分かるように、すらっと線の細いランナーばかりですね。陸上競技でも投擲種目や短距離種目ではガッチリとした選手も多いです。マラソンという競技特性上、身体を長時間にわたって動かし続け、42・195㎞先のゴールまで運ばなければなりませんので、荷物は少ない方が効率的ということは間違いありません。

ここで体重について考えてみましょう。体重は、消費エネルギーと摂取エネルギーの収支の結果ですので、食べれば増え、動けば減ります。

軽い方が効率がいいという書き方をしましたが、減りすぎるとどうなるでしょう。貧血になって、ちょっと動いただけで疲労を感じやすくなります。特に女性では無月経になったり骨密度が低下しやすくなるなど、健康障害を起こし、当然パフォーマンスも著しく低下します。逆に過体重となった場合には文字通り身体が重くなり、荷物を背負ってランニングしているのと同じですので疲労を感じやすくなり、体脂肪が増加し、こちらも健康障害につながります。

通常の練習時期には、「軽すぎず重すぎず」というレベルに収めておき、レースの3週間くらい前までに徐々に減らしていくというのが良いと考えています。

しっかりとした練習ができていれば、それに合わせて体重は少しずつ減っていく傾向がありますので、あまり意識しすぎなくても良いでしょう。ちなみに、体重は食事や排尿・排便の影響を大きく受けますので、なるべく一定となるタイミングで測ることで、継続して記録した際にも状態が比較しやすくなります。ベストは起床時排尿後です。

体重というのは、65〜70％を占める水分と筋肉・骨・内臓と体脂肪の和で表されます。

同じ体重でもその組成がより大事になってきます。最近の体重計には体脂肪率計測機能が付いているものも多くあり、トレーニングジムなどでは筋肉量や脂肪量が算出できるモデルが置いてある場合もあります。脂肪を除いた〝**除脂肪体重**〟をいかにコントロールするのかというのが大事で、エンジン(筋肉)を維持しながら車体(脂肪)を軽くするということにつながってきます。

私が陸上競技コーチの資格を持っている日本スポーツ協会でもアスリートの推定エネルギー必要量(kcal/日)を算出できる計算式が出ていますので紹介いたします。その式は「28・5kcal/kg/日×LBM(kg)×PAL」というものでLBMは除脂肪体重、PALは身体活動レベルです。

PAL(身体活動レベル)はマラソンのような持久系競技ですとオフトレーニング期で1・75、通常練習期で2・50です。

たとえば、体重が60kg、体脂肪率が10%のランナーで、大会に向けた通常練習期には1日にどのくらいのカロリーを摂ればいいのか計算してみましょう。

体重60kgで体脂肪率が10%ということは体脂肪量は6kgです。除脂肪体重は60kgから体脂肪量の6kgを引き算して54kgとなります。通常練習期のPALは2・50ですので、あとは計算式に入れるだけです。

28・5kcal／kg／日×54（kg）×2・50＝3848（kcal／日）となります。

大会が終わって身体を一度休めてから基盤を作り直すオフシーズン期であれば2・50の代わりに1・75をかけて計算すれば2693（kcal／日）と出てきます。思ったよりも簡単に計算できます。

日本のトップアスリートの栄養モデルもこれを参考にしており、種目別、期別にPALが決まっています。これを基準にして野球選手やラグビー選手などで体重を増やしたい時には糖質や脂肪を多めにしたり、マラソンなどの持久系競技や階級別競技などではタンパク質を多くしたりします。総カロリーを極端に変えずに内容を調整することで大きな間違いもなく、適切な体重管理、結果的にコンディショニング管理もできるというものです。

医学的に正しい減量の仕方

カーボローディングの項でも触れましたが、グリコーゲンは1g吸収される際に3g近くの水分を取り込みますので、裏を返せば、食べようとしていたグリコーゲンを100g制限すれば付いてくる予定の300g近くの水と合わせて400g近くも体重が増えるのを防ぐことができます。糖質制限ダイエットは、以上の理由から簡単に体重が落とせるということで、一気に広まりました。

マラソンでも、簡単にタイムが縮まる方法があれば誰もが実践したいですよね。ただ、ここには大きな落とし穴があることも忘れてはいけません。体重のみに気を取られていると体調を崩し、筋肉が落ち、体重は落ちてもやせ細った走れない身体になる危険性が隠れています。

「体重を1kg減らせばフルマラソンのタイムを3分縮められる」といった説をたまに見かけますがそれだけでタイムが縮まるほど単純ではありません。

「荷物が軽くなれば効率的に身体を動かせる」のは力学的には正しいかもしれませんが、「目標タイムまであと30分だから10kg減らそう」などという考えが先行してしまうと、ハードなトレーニングで怪我をしたり、疲労が抜けなかったりしてパフォーマンスを落とします。また、短期間で体重を落とそうとすると極端な食事制限をすることにつながり、筋肉量の減少や免疫力の低下を招き、体調を崩してしまい、マラソンどころではなくなります。

世の中には良いことばかりにスポットが当てられ、悪いことが表に出ないケースがよくあります。何事にも注意深く疑ってかかり、鵜呑みにしないことが大切です。自分自身で利点と欠点を十分に比較検討して、自分に良い点が大きければ実行すれば良いのです。

体重を上手にコントロールするには、総カロリーはもちろん食事内容に気をつけなければなりません。筋肉量をあまり落とさずに減量するということは、**脂肪をいかに効率的に落としていくか**ということになります。脂肪1kgは約7200kcalですので、たとえば1ヶ月かけて1kg減らすには1日に7200kcal÷30日＝240kcalずつ減らしていけばいいという計算になります。急な体重減少は危険ですので、1ヶ月を例にしましたが、これが3ヶ月であれば1日に80kcal減らせば良いということになり、身体の負担も少なく、ストレスも軽減できます。なるべく時間をかけながらというのが重要で、体力を低下させずに貧血などを予防しながらコンディション良く体重を減らすことができます。

具体的には、最初に減らした方がいい（必要度の低い）ものは以下の三つの〝あ〟で始まるものと言われています。それは①お菓子などの〝あ〟まいもの、②ビールなどの〝あ〟ルコール、③調理油などの〝あ〟ぶらです。

同じ食材を摂る場合にも、調理方法や調味料で大きく変わってきます。天ぷらやフライなどの揚げ物はエネルギーに対する脂肪比率が高く、茹でたり蒸したりすれば低くなります。また調味料ではバターやソース、ケチャップなどは脂質が多く、ノンオイルドレッシングや塩、醤油などは低くなっています。少し味付けを変えるだけでも簡単に脂肪を減らすことができます。

運動の主なエネルギー源は糖質と脂肪で、より持久力に関係しているのが糖質ですので、**マラソンランナーでは特に糖質を制限してはいけません。**この理由は、必要十分な糖質を摂取することで、筋グリコーゲン含量が回復して疲労回復を早めるとともに、持久力をアップさせるからです。

第5章

レース本番のマネジメント

レース前日&直前までの準備

大会3週間前に結果は決まっている

私は「本番レースの3週間前に結果は決まっている」と考えています。これには二つの捉え方があります。

一つ目は、残り3週間を切ってからきつい練習をして身体や心肺を追い込んでも実力が大きく伸びるようなことは通常考えにくく、かえって疲労を蓄積させてしまったり、怪我につながってしまい、今までの練習が無駄になってしまうということです。

二つ目はメンタルの問題です。長時間にわたって自分と向き合い続け、苦しい場面でも集中を切らすことなく走りきるのがマラソンという競技です。本書でもメンタルの重要性は強調してきました。レースまで3週間という時間を残して、ある程度仕上がった状態になっていることは心に余裕を生み、最終調整だけに集中してコンディションを整えることができ、それが結果に直結します。ここであえて〝ある程度〟と表現しましたのは、あくまでピークは当日に持っていけるようにしましょうという意味を込めてです。

「30km走はレース3週間前までにしましょう」「2週間前にハーフマラソンを走りましょう」「1週間前に10kmレースに出ましょう」と言った記事を雑誌などでよく見かけますが、全力を出しきるというよりも、あくまで調子を確かめるレースという位置付けがいいと思います。言い方を変えれば、「どれだけ余力を残した状態でゴールできるか」ということです。フルマラソンよりも短い距離のレースでは、その距離が短くなればなるほどフルマラソンの目標タイムの設定ペースよりも速く走ることができるはずです。そういう点から、事前に心肺を速いペースに慣れさせておき、本番のペースがゆっくりに感じられるようにするという効果もあります。

私のレース直前プラン

ここでサブ2・5を想定した時の私自身のレース4週間前からのプランを紹介させていただきます。読者の皆さんはそれぞれの目標に合わせて参考にしてみてください。

まず4週間前に30㎞走をします。これは10㎞ごとに軽くビルドアップしていきます。スタートから10㎞まではサブ2・5のレースペース（3分33秒）よりも遅い3分40秒、10～20㎞までは3分35秒、残りの10㎞をレースペースよりも速い3分30秒で走ります。毎回レースに合わせて12時スタート、信号のないサイクリングロードを走ります。いつも同じコースにすることで、時計を頻繁に見なくてもだいたいどのくらいの距離かということが分かります。また単独で走りますので、メンタルを鍛えるということと、自分の走りに集中しペース感覚を養うこと、大会本番での集団走の恩恵を最大限に享受することのために頑張ります。経験上、この30㎞走を走り終えた後の〝余裕度〟という、一見すると曖昧な指標が、その年のレース結果と密接に結びついており、興味深いところです。

そこから2週間は疲労抜きとコンディショニングに努め、ポイント練習もいつもの7～8割くらいの強度に落として行います。

そしてレース2週間前にハーフマラソンの大会に出場します。その理由はレース勘を取り戻すためです。スタートの緊張した感じや単独走から集団走への切り替え、給水、ラストスパートなどレース中のことはもちろんですが、レース前までの食事・給水、会場への移動、スタートまでのウォーミングアップ、ギア選びなど、最終試験として色々な要素を試し、確かめます。ペースは３分25秒イーブンで15㎞、その後は３分15秒くらいまで上げて気持ちよく走り終えます。レース後はすぐに栄養と水分を補給し、休養します。

レース１週間前にトラックで８０００ｍ走をします。これは３分20秒イーブンで心肺に刺激を入れます。レース３日前には同様に３０００ｍ走を３分15秒で行い、ピリッと切り上げます。その後はレースまでほとんど走らず（走ってもストレッチや動きづくりの一環として気分転換に10分ジョグくらい）、とにかく休養に徹し、エネルギーと水分そして心を満タンにします。

いかに持っている力を発揮するか

スタートラインに立った時点で結果は決まっているとよく聞きますが、これには数多くのレースを走り、自分でも強く共感しています。練習以上の実力が出ることは考えにくいですし、しっかりとした練習が積めればおのずと結果はついてくるもので、練習は裏切らないとも言えます。

マラソンのような長丁場の競技にはまぐれはないと思っています。だからこそ目標レースに向けてモチベーション高く、真剣に練習するわけですね。実力以上の結果を出すことは至難の技だということを踏まえると、レースで結果を出すためには二つの方法がありま す。

一つ目は単純ですが実力を上げるということです。練習でスピードや持久力をアップさせればいいのですが、皆さんそれぞれ置かれた環境の中で時間を割き、最大限の努力をされていると思いますので、そこからさらに上げていくことはそう簡単にできることではありません。

二つ目は現状持っている実力を可能な限り100%に近い状態で発揮するかということです。これは、心掛け次第で結果を変えることができます。

練習ではすごく速いけれど、プレッシャーのかかるレースでは結果が出せないランナーも多いです。私が指導してきたランナーにもたくさんいらっしゃいますが、共通しているところは〝諦め癖がある〟〝よく言い訳をする〟という点です。練習ではきつくなったら早い段階で諦めてしまうことで、脳と身体が「楽」を覚えてしまいます。これは苦しい場面でいかに粘り強く走り続けられるかを競うマラソンランナーにとっては致命的とも言えます。さらにこれを一度覚えてしまうとなかなか意識しても抜けなくなってしまうというのがとても厄介です。

また、なかなか結果が出ないランナーは、**レースでうまく走れなかった言い訳を探してしまいがち**です。そもそも予定通りに全てを出し切ったレースをするのは難題ですし、失敗してしまったレースでは「あの部分がいけなかったから、そこを中心に練習していこう」と反省点を見つけることが大事です。自分なりに上出来のレースができた場合でも「もう少しここをこうすればもっと良かった」など、次につながる改善点を見つけて、自分の弱点をあぶり出し、課題として克服していく必要があります。そのためにも〝レースの振返り〟はとても大切な作業です。

結果の出ないランナーは、自分の実力不足を隠すかのように「調子が悪かった」「脱水になった」「シューズが合わなかった」「脚が攣った」「お腹が痛くなった」など、後ろ向きの発言により自分を自ら下げてしまっています（事前に対策していれば回避できることも多いです）。

厳しい言い方かもしれませんが、当人が気づいておらず無意識に行ってしまっているケースも多いですので、それを認識してもらい、共に結果を残せるランナーを目指していきたいということを伝えています。

本番で、実力を発揮するために必要なものは何でしょう。皆さんそれぞれ違った答えを持っていると思いますし、正解はないでしょう。

私も色々な答えが浮かびますが、あえて絞るとすれば**「自信」**です。どのレースでも緊張しますし、不安が付きまといますが、それ以上にプラスの要素を大きくしてスタートラインで冷静に号砲を待てるかどうかということを大切にしています。

プラスの要素を大きくする方法も何でもいいと思います。

「この大集団の中で一番走り込んできた」「雨の日も雪の日も練習してきた」「直前のハーフマラソンで自己ベストを出して、絶好調だ」「毎日しっかりと眠れ、疲労を感じていない」

ポジティブシンキングは、より具体的であるほどその効果が高いと言われています。私は主な練習時間を朝に設定していましたので、「みんなが寝ている時間に走り込んできた」と考えていました。

起こりうる状況の対応策を練る

実力を発揮させるプラス要素を考えてきましたが、マイナス要素を少なくするという考えも大事です。言い換えますと、「レース中に起こりうるトラブルを予測し、事前に対策を練っているか」ということです。この〝適応力〟〝順応性〟こそが、真の実力を握っていると言っても過言ではありません。方法は単純で、レース中に起こりそうなトラブルを箇条書きにして、レース前に対策できるものは事前準備し、できないものは起こってしまった時にどうするのかを具体的に考えておきます。

私は勝手に【マラソン辞典】と呼んでいまして、たくさんの項目を掲載し、練習やレース毎に追加していきます。一度決めた項目にも随時追加修正を加えていきます。自分だけのオリジナル辞典を作り、心の引き出しに大事にしまっておきましょう。レース中にトラブルに見舞われた際には該当ページを開き、自信を持って対応しましょう。想定外を極力無くし、想定内にすることで周りのランナーとも大きな差を作ることができ、かけがえのない武器となります。

これが厚くなればなるほど順応性が高くなり、レース中にあれこれ考えることによる脳での無駄なエネルギー消費を抑え、ストレスも激減し、レースを乱すことなく冷静に走り続けることができます。ここには到底書ききれませんので、私のマラソン辞典から一項目だけ紹介いたします。

シューズトラブル（肉刺・擦れ、足の痛み）

◎慣れたシューズを選ぶ（1日のうちで足型は変化するので、朝と夕方に試着しましょう。長さだけでなく幅と甲高を含めたフィッティングを確認すること）

◎慣れたシューズを履く（ソールにボツボツのついたシューズなので、それが減りすぎないように、ロードは長くてもハーフまで、馴らしたいときはなるべくタータンのトラックを利用。必要に応じてシューレース〈靴ひも〉とインソールを追加し、微調整）

◎慣れたソックスを穿く（新品のソックスはのりがついていたりして硬めなので、洗濯をしてから柔らかく足に馴染むまで数回使用しておく。かかとの擦れ対策として後足部の高さがあるもの、レースシューズのクッション性が乏しいためアーチサポート機能のあるもの）

◎足、特に足趾間にワセリンをしっかりと塗り込む

◎履くときは必ず椅子に座った状態で、踵を数回地面に落とし、踵をフィットさせる

◎シューレースは締めすぎない（アップの状態では、リラックスさせるためにアップシューズを緩めに履く。スタート前にレースシューズに履き替え、3列くらいまでしっかりと緩めてから足を通す。シューレースを一段階締めるが、絶対に締めすぎないように。結び方は「蝶々結びをしてから、固結び」

で解けたり脱げたりしたことなし。マラソンでは、後半になると血流が滞りかなり足がむくんでパンパンになり疲労を感じやすくなる。ロスタイムになってしまうのでレース中は締め直さないということが前提)。

前日の練習と食事内容

前日の練習は、動的ストレッチ、動きづくり、ウォーキングくらいで十分だと思います。大きな大会では受付に行くまでにも結構歩くので疲れてしまいますね。筋肉に負担をかけないために階段はなるべく避けるように心掛けています。前日に航空機で現地入りする場合にはずっと同じ姿勢で下肢の血流も滞りますので、疲労を洗い流すイメージで軽めのジョグを追加してもいいと思います。

一般的には入浴の方が勧められていますが、温度が高かったり、長い時間入るのは疲労感が増す可能性がありますので、避けましょう。ちなみに私は前日はぬるめの湯船に10分程度浸かり下腿にだけ冷水シャワーをして上がります。当日の朝は温かめのシャワーをさっと浴びます。

直前に食べるもの、食べないほうがいいもの

あまり神経質になってストレスを貯め、メンタルに悪影響を与えても良くないですが、胃腸に負担のかかる揚げ物、脱水を助長するアルコール、お腹を壊しやすい刺身などの生ものや食物繊維の多い食材は避けた方が無難です。サラダなどの生野菜も消化に時間がかかりますので、少量にしましょう。逆に摂った方がいいものは、カーボローディングの項でも紹介しましたが、糖質を多く含む食品です。私は自宅から出発できるレースでは前日昼は大盛りのパスタかうどん、夜は豚生姜焼肉丼でご飯2合、当日朝は卵焼き、納豆、梅干し、具沢山味噌汁にご飯1合といった食事をします。また100％オレンジジュースをコップ一杯飲むのもルーティンにしています。合言葉は「おかず控えめ、ごはん多め」です。

レース前、レース中の給水量や取り方、補給食

当日の朝食後からレース1時間前までの間に、バナナ1本もしくはエナジーゼリー1個、他に大福・団子もしくはカステラを食べます。また、500㎖のスポーツドリンクとミネラルウォーターを持っていき、1回に100㎖くらいの少量ずつ、30分ごとにトータル

700mlくらい摂ります。そして、レース15分前にポケットゼリーを一つ食べます。

レース中は喉が渇いていても、そうでなくても5km毎に給水を取ります。気候やその日の汗の量によって調整しましょう。通常のテーブルは、スポーツドリンク、水の順に並んでいますので、両方取って半分ずつ飲みます。トータルで100ml程度でしょうか。残った水は両腕と両大腿にかけることが多いです。ウェアとシューズにかからないように十分注意しています。補給食はエネルギー系のゼリーを2個（一つは予備で）とチャージ系のゼリーを1個持っていますが、ハーフから25kmくらいまでにエネルギー系を摂り、35kmを過ぎてラストスパートをするタイミングでチャージ系を摂ります。

摂取するタイミングは、給水所との兼ね合いや、集中力が切れたタイミングに合わせてもいいでしょう。私は、びわ湖毎日マラソンの出場資格を得るために2時間半切りを狙って福岡国際マラソンを走りましたが、あまりに集中していたために無補給でゴールしました。結果的には2時間29分44秒で目標達成できましたが、無我夢中だったためかコースもあまり覚えていないですし、それだけ余裕がなかったのかもしれません。そのレース後から補給の必要性や重要性について深く考えるようになりました。

夏場などは、必要に応じて電解質のタブレットを持つこともあります。大きさがあまり気にならないようであればキャップのついたゼリーだといつでもこまめに補給できますので、胃腸に負担がかかりにくくオススメです。エイドに置いてあるものは取らず、味と食感に慣れているものを愛用しています。

エイドの給水カップの取り方にも色々な方法がありますが、私はグローブをしていたら外し、親指・人差し指・中指の3本を鳥のくちばしのようにしてカップ手前の縁をさっとつまみます。その後カップを潰して親指と人差し指でつまんだ隙間から吸います。こうするようになってから、揺れてこぼれて少なくなってしまったり、顔にかかったり、むせたりすることがなくなり、給水が楽しみになりました。テーブルは長いですので、初めに取れなくても慌てず、多少スピードを落としてでも確実に取るようにしましょう。取ろうと思って予定していた場所で取れないと次の給水が欲しくなり、焦ってペースが上がりすぎてしまったりと、リズムが狂ってしまいます。

当日のモデルケース（起床時間や朝食時間）

全国的には9時スタートの大会が多いですので、それを想定して具体的な時間枠で考えてみましょう。スタート時間の4時間前には起床しますので、起床は5時です。朝食は3

時間前の6時に食べますので、それまでにシャワーとレースの準備（ウェアへのゼッケン取り付け、補給食、スペシャルドリンク作りなど）をします。レース会場には1時間半前に着くようにしています。30分くらいかけてコースマップや高低図をみながらレースをイメージします。

スタートまで1時間を切ったらウォーミングアップ開始です。15分くらいウォーキングをしてから動的ストレッチ、動きづくりをして大体30分くらいです。その後レースウェアに着替えて、レーシングシューズを履きます。サングラスとネックレス、磁気テープを装着して戦闘モードに切り替えます。

5分くらいゆったりジョグをしながらスタートラインに向かいます。途中で50mくらいのウインドスプリントを3本くらい入れて心肺に最終刺激を入れます。スタート位置についたら脚と腕を叩いて刺激します。その場でジャンプをして軽く腿上げをします。スタートまでのカウントダウンが始まったら1回大きな大きな深呼吸をして肺を膨らませます。緊張するとどうしても呼吸が浅くなってしまいがちであり、スタート直後はダッシュに近いペースになりますので、一度横隔膜を下げて肋間を広げてあげることは精神的にもリラックスでき、効率的な呼吸を導きます。

待機時間の過ごし方

ウォーミングアップ、動きづくり、ストレッチ、流し

ウォーミングアップには、生理学的な筋肉や神経への促通効果の他に、**心理学的にはレースに向けて気持ちを高める効果**もあります。昔から〝怪我予防のために時間をかけて入念に〟と言われてはいますが、必要以上のエネルギーを消費しないように注意しましょう。最新の研究では15分あれば筋温が十分に上昇すると言われています。

以下は、私のアップメニューです。

姿勢を意識したウォーキングと早歩き／スキップと速いスキップ／サイドステップ、キャリオカステップ／フロントランジ、バックランジ／つま先歩きと踵歩き／軽い反動をつけて可動域を広げるように動的ストレッチ／その場で腿上げや足上げを10秒くらいした後に30〜50mくらいのウインドスプリントを全力の80%くらいで3本（ここでも姿勢を意識してしっかりと）。

速いランナー達が待機中にすること

　びわ湖毎日マラソンや福岡国際マラソン、別府大分毎日マラソンでは選手用の控室がありますが、皆さんそれぞれいろいろなことをしています。音楽を聴いたり、動画を見たり、読書をしたり、目をつぶって瞑想したり（中には寝ている人もいるかもしれません）、静的ストレッチをしたり、周りのランナーと談笑したりしているランナーが多かったですね。私は気持ちの上がる音楽を聴いたり、家族の写真を見たり、好きなアロマの匂いを嗅いだりしています。レースに集中するために気持ちを落ち着かせるというのが大事です。また、こでもこまめな水分補給や補食をしましょう。

　トイレは、直前は混み合いますので、少し前に余裕を持って済ませておくか、スタート位置から少し離れている比較的空いているところを利用しましょう。夏の暑い日には直前までなるべく涼しいところにいて、無駄な体力消費を避けましょう。冬の寒い日には携帯カイロで手足を温めたり、ワセリンを厚めに塗ってマッサージしたり、ベンチコートを着用して保温に努めましょう。大きなゴミ袋の頭と腕のところに穴を開けて被っているのも有効ですが、最初の給水場所まで運んで、しっかりとゴミ箱に捨てましょう。途中で適当に捨てると後続のランナーに危険ですので絶対にやめましょう。マラソンの神様は心構えやマナーをしっかり見ているはずです。

天候の変化対策、ウェアリング

持っていないものを途中で装着することはできませんので、必要になる可能性の高そうなものはスタート時から携帯しましょう。ただ、あまり持ちすぎても重いですし、かさばって走りにくいですので、見極めが大切です。

普段から色々なアイテムの使い勝手に慣れておくと、本番で迷わずに済みます。遠征レースでは天気予報を参考にして、荷物が増えてしまっても必要そうなものは持っていくようにしています。予報が急に変わった時のために前日に買い足せるスポーツショップや100円ショップなどを把握しておくのも大切です。私は季節を問わず一年中、慣れたランシャツ・ランパンスタイルで、半袖やタイツは着用しません。急な気候変化への対応のため、基本原則としてなるべく付け外しのしやすいものを身に付けるようにしています。

頭部は夏場のレースでは軽量メッシュキャップで、シューズを濡らさないように注意しながら適宜水をかぶります。つばが短く、サングラスとの相性が良く、視界の妨げになららないものを好んでいます。素材は柔らかいものを選び、簡単に折りたたみして腰に挟めるようにしています。明らかに日差しの強い日には日差しから守るために日除け付きのキャップにしたり、ネッククーラーをつけたりします。

上肢は冬には保温、夏には日差しを和らげたり、水をかければクーリング効果が長続きするアームカバーが万能アイテムです。グローブはスタート時の気温が10度以下の時に装着します。雨天時には稀に撥水タイプをつけることもありますが、やや厚く、指先が効きにくくなりますので、勝負レースではつけません。アームカバーやグローブはゼリーやタブレットなどのちょっとした収納にも使えて便利です。トップランナーでは走りにくいのであまり見かけませんが、ゼッケンのしっかり見える透明な軽量シェルも重宝します。汗冷えを防止するためにも水を溜め込まずにドライを保てるようなインナーもオススメです。

下肢は、タイツは穿きませんが、ゲイターをほぼ毎レース装着します。通気性の良い、夏場にも快適に使用できるモデルを選びましょう。

私がアイテムを選ぶポイントは、雨や汗を吸って重くなった状態でもストレスをあまり感じずにゴールまで着続けることができるかどうかという点と、いらなくなった時にコンパクトに収納できるかという点ですね。

目を守る・肩と後頭部の紫外線対策

これは前項とも重複しますが、サングラスとキャップです。意外にも自然と目から吸収している紫外線は疲労の元になります。眩しさとストレスを軽減し、ややグレーの世界では集中力も増しますので、一石二鳥ですね。いらなくなったらおでこに乗せたり、後ろ向きに耳にかけても良いでしょう。

サンバイザーをしているランナーも見かけますが、キャップで頭頂部をしっかりと日射しから守ることは重要で、雨が髪の毛を伝って落ちてくるのも抑えてくれます。

また、私はランシャツスタイルで、肩をむき出しにしていますが、特に夏場では3時間以上かかるランナーには肩を隠したスタイルを推奨します。肩の日焼けも疲労やストレスが大きいと言われています。

イーブンペースか、ネガティブスプリットか

本当に最後まで走りきれる実力があれば、先行逃げ切り型でもいいと思いますが、私も含め、大多数のランナーにはオススメしません。その理由は、足が止まった際のペースダ

ウンが著しくなるからです。一定のスピードで走り抜けるイーブンペースもしくは後半にペースアップするネガティブスプリットを狙うのが良いでしょう。その理由は、イーブンであれば心肺への負荷と脚への負担が最も少なく、効率的な走りができるからです。

ここで注意したい点があります。私たち人間は、後半は心肺がきつくなり、脚に疲労が溜まってペースダウンするというのが鮮明にイメージできてしまうため、どうしても前半で貯金を作りたくなってしまうということです。この気持ちがオーバーペースを呼び、後半失速の大きな原因となってしまいます。マラソンはメンタルに大きく影響されると何度も書いてきましたが、「いかに我慢するか」が大切です。調子が良くて予定よりもペースを上げたい時にももちろんですし、ハーフ地点を過ぎてからきつくなった時にもです。

私は少なくとも32㎞を過ぎるまではどんなに調子が良くても可能な限りペースを一定に保ちます。その後は35㎞くらいで余裕があれば一段階ペースアップして、余裕がなければ維持して、40㎞からはもう一段階ギアを上げて絞り出します。

２時間28分57秒の自己ベストを出した別府大分毎日マラソンの10㎞ごとのラップは、35分21秒、35分23秒、35分25秒、35分31秒でほぼイーブンペースで走れており、１㎞あたりの誤差は１秒程度に収まっています。総合順位は62位でしたが、ラストの２・１９５㎞は

7分17秒で実業団選手も含めて15番目のタイムになっています（トップ10の選手の中でも私より速い方は半分の5人しかいません）。このレースのように、私は**イーブンペースを目標として、ラストスパートによって若干のネガティブスプリットを作る**というのが一番だと考えます。この考え方を持ちながら、練習で実力がアップして、32㎞くらいからスパートができるようになればタイム短縮が期待できますね。

私はランニングドクターとして参加した大会（4時間やキロ6分ペースなどあらかじめ設定タイムが決まっているもの）以外で、初マラソンから全てサブ3で走っており、サブ2・5も3回達成しています。大きな失敗レースがなく、安定した好結果からもご賛同いただけるのではないでしょうか。

事前のコース把握とイメージトレーニング

毎年同じレースに出場していれば、ある程度の地形が頭の中に入り、我慢ポイントや勝負ポイントがイメージできると思います。実業団のトップ選手は事前に試走をしたりして、コースを把握しています。ここでは初めて参加するレースについて考えてみましょう（試走しないというのを前提にします）。

まず大会要項を確認しましょう。そこにはコース図と高低図が載っていることが多いと思います。それを平面から立体に構築してみましょう。私はコース図に登りであれば赤で↑下りであれば青で↓（急であれば⇈もしくは⇊）を書き込みます。また５㎞ごとに◯を書き込み、ハーフ地点に●を入れ、曲がり角や坂のタイミングを理解し、ジェネラルドリンクの場所を把握します。補給予定ポイントには◎を入れますが、なるべく平坦なところで坂の前後は避けましょう。陸橋を過ぎた曲がり角の後や折り返してからなど分かりやすいランドマークを決めておくと、レースに集中していても忘れることが少ないです。

最後に地図で方角を確認し、過去の天気予報を参考に風向きを考えます。「最後に向かい風になるのか」などを知っていれば、心の準備もでき、それが大きな違いを生みます。具体的であればあるほどイメージが鮮明になり、レース中のストレスも軽減されます。単独走になった場合にはより効力を発揮します。

スタート直後（〜10㎞）

スタート直後のハイペース対策

大規模な大会では、持ちタイムや申告タイムでスタート位置が決まっていますが、それでもスタート直後には多くのトラブルが起こりえます。後ろから押されたり、横入りされたりはよくありますし、前方の選手が転倒したりすることもあります。巻き込まれないようにするために、可能な限り自分の前後左右にスペースを確保しましょう。スタート直後に転倒してしまっては身体ももちろんメンタルがズタズタになります。早く渋滞を抜け出して前に出たいという気持ちを抑えて、安全第一でいきましょう。

ランナーの合間を縫うようにダッシュしているランナーもよく見かけますが、スタート直後から転倒のリスクを犯してショートインターバルをしているようなもので、明らかに無駄です。そこで数秒稼げたとしてもゴールした時には数分かそれ以上のロスになっていること間違いありません。流れに任せて冷静に走っていてもスタート直後はどうしても予定ペースよりも1㎞当たり5秒から10秒くらい速くなってしまうものです。そこで急にペースを落としたりせず、5㎞通過時点でイーブンとなるような走りを心がけましょう。

集団を利用する

普段一人で練習することが多いランナーは尚更ですが、集団で走ることでかなり楽に走れると思います。集団走のメリットについては本書でも度々言及してきましたが、間違って速すぎる集団に入ってしまうと、オーバーペースになりますので、注意しましょう。予定ペースに近い良い集団を見つけたら、位置としては集団の真ん中からやや後ろ、中央で集団の中に完全に取り込まれてしまうのではなく、右か左のどちらかはフリーにしておくことをオススメします。その理由は、接触しそうになったらすぐに避けることができるように、そしてペースが上がった際に対応できるようしっかり前の動きを見ておくためです。

理想的には自分とストライドとピッチが近い選手の1ｍくらい後ろについていると〝より自然に〟運んでもらえます。ペースアップしてきて速すぎる場合には何とか粘れれば少し粘ってみて様子を見たいところですね。

逆に、初めは心地よかったのにじわじわペースダウンしてきた場合には、集団を変える必要性が出てきます。すぐ前に集団がある場合でも1㎞くらいかけながら徐々に集団に吸収されるようにしましょう。集団がだいぶ先にある場合には自分の余裕度と残りの距離、風向きや地形などに応じて柔軟に判断しましょう。

集団を飛び出して単独走をするということは、自分が思っているよりもかなりのエネルギーを使いますし、ストレスもかかりますので、より冷静な判断が求められます。

30㎞を過ぎてくる頃には集団はかなりばらけてくることが多いですので、そういったタイミングでもいいと思います。自分の経験では、予定ペースよりもキロ5秒くらい速い集団に入っても、「集団の利」のためにあまり速い感じがしませんので、なるべくそこでペースを一定に保ちながらも脚を温存しつつ、飛び出すタイミングを探ります。この時に生きてくるのが事前のコースをどの程度正確に把握できているかということと自分の調子を客観的に見極める能力です。

レース序盤（～20㎞）

マラソン中の腹痛

マラソン中に起こる腹痛には様々な原因が考えられ、胃腸系のトラブルも多いですが、**横隔膜関連の痛みへの対処**が重要だと考えています。いわゆる脇腹の差し込むような痛みへの対処です。医学的には内臓器により横隔膜が牽引されることや、臓器そのものの血流不足に起因すると言われています。特に重量の大きい肝臓のある右側に多く起こりますが、血流を送り出す役割を担う脾臓に過度の負担がかかれば左側にも起こりえますし、腎臓や腸由来の痛みであれば両側性になります。

対処法としましては、普段の練習では着地衝撃と上下動の少ないフォーム作りが重要です。レース中に起きてしまった場合には、横隔膜の動きを制限するために親指を後ろ、他の指を前にして痛みのある脇腹の部位を前後から挟んで圧迫したり、痛みのある側の手を上げて反対側かつやや後方にストレッチするというのを10秒くらいするとおさまりやすいです。

痛みで呼吸が浅く、苦しくなりますので、深呼吸をして肺を十分に広げ、横隔膜をゆっくりと押し下げてあげる方法も理にかなっています。また、ハイペースの際には血流制限に伴う横隔膜の痙攣が起こり、痛みとして現れることがありますので、速すぎるペースを避けたり、痛みが出たら治るまで若干ペースを落とすというのも有効な手段です。しっかりと起こりうる可能性を頭に入れ、対処法を考えておくことで慌てず冷静なレース運びを継続できます。レース直前に固形物を取りすぎないようにするのも効果的です。

時計をあまり見るな

成人の脳の重さは1500g弱と言われており、体重60kgであれば体重の1/40を占めていることになります。一方で、脳は高度かつ多機能の活動を維持するために、エネルギーの1/5（20%）も消費しています。さらにはブドウ糖を唯一のエネルギー源としています。そのため、マラソン中には非常に多くのブドウ糖が脳に使われているということになります。色々なことを考えたり、ストレスを感じながら走っていると、より多くのブドウ糖が消費されてしまいます。体内のブドウ糖が少なくなってくると、脳の機能が低下し、ぼーっとして集中力を欠いたり、冷静な判断ができなくなります。また末梢である脚の筋肉にも十分なエネルギーが行き渡らずに脚が止まってしまい、痙攣を起こしたり、最悪の場合には低血糖で倒れることもあります。レース中に判断能力が鈍ることはペースの変動を大きくし、体力的にも精神的にも大きなロスにつながります。常に省エネを心がけて、しなくてもいいことはなるべくしないようにすることが重要です。

皆さんはレース中に時計を何回見るでしょうか？　１㎞のラップ毎にチェックしているランナーも多いのではないでしょうか。こまめにラップを気にして、その都度修正していると常に脚に負担がかかりますし、ペースが維持できないとメンタルもどんどん追い込まれていきます。またトンネル内や高層ビルの間などではＧＰＳを捕捉しなくなったり、ズレが生じたりすることもあり、大きくペースを崩されてしまいます。

私の状況をお伝えしますと、スタートした直後は設定よりもペースが速くなりやすいですので、１㎞と２㎞のラップをチェックして、ハイペースを抑えるとともに実測ラップと体感ラップの差から体の調子を把握します。その後は5㎞毎に大会側で設置してある大型時計を見ます。35㎞でのスパートを想定した場合には36㎞と37㎞でラップを見て、残り距離に対する余裕度を図ります。40㎞からは自動的に最終スパートをしますので、そこまで維持するのか、もう少し上げられるのかを瞬時に判断します。ラップ確認はだいたい4～5回くらいということですね。普段の練習からあまり〝時計を見ない癖〟が染み込んでいますので、だいたい1㎞あたり2～3秒くらいの誤差で走れるようになりました。これは省エネかつ効率的に走るために非常に大切なポイントだと思います。実業団選手やトップレベルの市民ランナーの中には時計そのものをつけないで走っている人もいます。言い換えれば非常に正確な体内時計を持っているということですね。「何も気にせずに体感で設定ペースを刻み続ける」。難題ではありますが、これこそが最強であり、最終目標であります。

レース中盤（〜30㎞）

きつくなったら腕振りでピッチを速く

マラソンの経験値が増えていくと、だいたいハーフ過ぎくらいまでは集中して設定通りのペースで走れることが多くなります。〝30㎞の壁〟なんていう言葉もあるように、だいたい25〜35㎞のあいだ10㎞が一番苦しく、踏ん張りどころとなります。そこを最小限の落ち込みでうまく乗り切ることができれば、ラストまでいい流れに乗って、あわよくばさらにペースアップして、ライバルに大きな差をつけることができます。自分との戦いと考えた場合にも自己ベストの大幅な更新につながるでしょう。

トラックレースでも共通することですが、疲れてきたら「ストライドを狭くする」「ピッチを上げる」「脚の回転を速くする」意識が大切になります。そのためにはどうすればいいでしょうか。疲れているのにそんな余裕はないと思われる方も多いでしょうが、疲れているからこそ若干のペースダウンは許容して、〝**エネルギーを使わない走り**〟に切り替えることが有効になります。

無理に同じフォームで走り続けていると、脚が止まってしまうリスクが高くなります。とてつもない練習を積んでいるトップレベルのランナーでさえ、レース後半でゆっくりとしたジョグペースになったり、歩いてしまったりしている光景もよく目にします。そうすると数分〜数十分のロスとなり、関門により（もしくはゴールが一向に近づかないことで気持ちが折れてしまい、自己判断により）棄権となる場合も多々あります。〝脚を止めない〟〝少しずつでもゴールに近づいていく〟ということがいかに重要であるかということがご理解いただけましたでしょうか。

では、どうすれば脚を動かし続けることができるでしょうか。それには脚の動きと連動している「**腕振りを速くする**」「**いつもより肘を曲げる**」「**胸から離れないように腕をコンパクトに振る**」ということが重要です。ご自分でやってみるとすぐに実感できると思いますが、肘を深く折りたたむことは素早い腕振りを可能にします。それは科学的にも根拠があります。空気抵抗の減少効果と、肩関節を中心軸として、物体（上肢）を回転させる力（力のモーメント）が小さくても済むという効果に裏付けされます。

２０１２年のロンドンオリンピックと２０１６年のリオデジャネイロオリンピックの５０００・１００００ｍにおいて、圧倒的な強さで2大会連続2冠の偉業を達成して金メダルを獲得したモハメド・ファラー選手は、ポイントを押さえた非常にコンパクトで無駄のない腕振りをしており、とても参考になります。ご存知の方も多いと思いますが、２０１７年からマラソンにも参戦しており、大迫選手が3位となり日本記録を出したボストンマラソンでも2時間5分11秒で優勝しています。

テレビで順位を競う代表選考レースや世界選手権、オリンピックを見ていると、だいたい中盤以降の給水ポイントや最後の坂道（橋）で仕掛けることが多いと思いませんか？ 前者であればライバルがスッと油断した隙に一気にペースアップして引き離そうという考えです。後者は後半の脚が疲れている場面での上り坂で離すことで、ライバルの気持ちを折り、追いかけようという意識を小さくします。自分が逆の立場であれば「このきついタイミングで更にペースアップするのか」という気持ちになるのではないでしょうか。

ここで私がお伝えしたいことは、いわゆる仕掛けのポイントをうまく走ることで、大きな差を作ることができるということです。具体的には、上り坂ではピッチを速くし、動きの機敏な小動物（ねずみやリス、ハムスターなど。ちなみにわたしは猫です）になりきって駆け上がります。上りでは自然と前傾姿勢になりますので、視線をやや遠くに設定することで、脊椎が過度に前屈して肺活量が減ってしまうことを予防します。少し前にランナーがいれば、後頭部を見るとちょうど良いと思います。また、坂道が急であればあるほど、頂点に達した際にフーッと気持ちが抜けてペースダウンしてしまうランナーが多いです。そこで、私が意識していることは「頂点をゴールと考えずに、その10〜20m先にゴールを設定する」「明らかに下りになるまで集中的にピッチを速める」です。それだけで実際には数秒のタイム短縮になります。

その後の下りでもポイントがあります。大きなストライドだと一時的にペースアップできますが、あまり踵からの衝撃を受けすぎると、疲労の蓄積が早くなります。上りは小動物のイメージに対して、下りはスピードを出して転がるもの（タイヤ、ボールなど。ちなみに私は跳ねずに重心を低くするという意識も込めてボウリングのボールです）に変身して、くるくると坂を駆け下りましょう。下りではストライドは自然と広くなり、スピードも出ます。欲張って過度に前方に着地しようとしてブレーキをかける走りをしてしまわないよう、押さえ気味にして上半身を前にせり出させて、その重量を推進力に変えていきましょう。

レース終盤（～フィニッシュ）とレース後

35㎞から抜ける走り

誰もが脚に疲れを感じ、心肺もきつくなる区間です。真の実力は、ここからゴールまでの区間で発揮されます。今まで積み上げてきたものが、ここ一番の苦しくなった場面で自分を助けてくれるはずです。

ここではフォームが崩れることが多いので、最低1回は〝強く意識して〟フォームの見直しをしましょう。側道にガラスなどがあれば、映っている横からのフォームを確認する癖をつけましょう。疲れてくると背中が丸くなったり、腰が落ちたり、骨盤が後傾したり、肩甲骨を使わない腕振りになったり、頭の動きや上下動が大きくなったりなど個人個人で違います。疲れてきた時の自分の癖を把握しておくと、チェックするポイントも簡素化して、すぐに修正できますね。

　ペースに関して、理想的には自分でスイッチを入れて、ペースアップすることですが、なかなか難しいです。そういった場合には、欲張らずに前のランナーを一人ずつ拾っていくイメージで前を向いて走りましょう。皆さん同じことを考えていますので、途中でペースが合ったランナーをみつけては一緒に前を追ってということを繰り返していると、思っているよりも早く40㎞地点に到達します。そこからの2・195㎞は応援してくれている家族や同僚、一緒に練習している仲間のことを考え、さらにはここまで脚を止めずに走り続けた身体に感謝しながら最後の力を振り絞りましょう。

　最後の最後に細かいことですが、計測マットが数枚ある場合には一番遠いマットまで緩めずに駆け抜けましょう。時計を押した瞬間にペースダウンしますので、止めるのはその後です。自分の時計ではサブ3やサブ2・5であったとしても、正式タイムが3時間00分01秒や2時間30分01秒になってしまっては、悔やんでも悔やみ切れません。

反省するポイント

誰もが100％のレースを目標にしていると思いますが、それが達成できる人はほとんどいませんん。会心のレース運びでも、一つや二つは反省点（あれがダメだった、もっとこうしておけば良かった）があるものです。一つ一つの反省点に対して、しっかりとレースを場面場面で振り返りながら課題を細分化して、個々の項目ごとにより具体的な対策や練習法を考えるように心がけましょう。そこから派生した考えも含めて、先ほど述べた引き出しが多くなっていくとともに、次のレースから生きてきます。

たとえば「35km以降に大幅なペースダウンをしてしまった場合」について一緒に考えてみましょう。

悪い例

・練習不足で脚ができていなかった。対策はしっかりと走り込みをすること。

これでは何をしたらいいのか曖昧で、モチベーションを下げてしまいます。

良い例

・スタートしたら調子が良かったので、設定ペースを超えて走ってしまった。そのため前半で予定よりも脚を使いすぎてしまい、後半のきつい場面で脚が動かなくなってしまった。

〈課題の細分化〉

補給はしっかりとできていたか。水分だけではなく、電解質も積極的に摂ったか。筋肉の疲労か、痙攣か、それともエネルギー不足か、心肺がきつくなってしまったのか。本当に調子が良かったのか。緊張しすぎて冷静さを欠いていなかったか。レース3週間前までにしっかりと走り込み、その後はしっかりと疲労抜きができたか。距離に対する耐性はできていたか。気持ちは折れなかったか。少しペースを落としてみたり、ピッチや腕振りを含めたフォームを工夫・修正して立て直しを試みたか。

これだけ明確に課題を上げることができれば、おのずと自分に足りないもの、それを補うために必要な練習やコンディショニングがより具体的に見えてくるはずです。来たる東京オリンピックで代表内定した某トップランナーも「自分が嫌な（苦手な）練習の積み重ねが、結果につながった」とコメントしていました。繰り返しになりますが、苦手な部分には大きな伸び代が隠れており、それを克服していくことで、自信がつき、メンタルにも好影響を与え、本当に苦しい場面、粘らないといけない場面で気持ちを強く持って、ライバルに競り勝つことができるようになることが実証されています。

〝自分に満足してしまった時点で成長は止まってしまいます〟ので、〝自分はこんなもんじゃない、もっともっとできるはずだ〟という気持ちを持ち続けましょう。それが自己ベスト更新に極めて大切な考えで、成長を促すホルモンになることでしょう。

フィニッシュ後について

個人差はありますが、身体の疲労を抜いて、メンタルをリフレッシュするのに2〜3ヶ月はかかると言われています。多くの実業団選手がフルマラソンであれば年間に2レースもしくは3レースにとどめていることからも理解できます。私たち市民ランナーでは最低1ヶ月はしっかりと休養に充てるようにしましょう。1ヶ月間練習をしないということではありません。レースの翌週はウォーキングを積極的に取り入れて休息最優先にします。

破壊された筋肉を労わるためにもしっかりと栄養を摂りましょう。レース後2週間経過くらいから脚の状態や身体の疲労感に応じて軽めのジョグを開始しましょう。距離は10㎞を超えないくらいにして、ゆったりとしたペースで走りましょう。レース後3週くらいから徐々にペースを上げ、距離を伸ばして、4週目くらいからポイント練習を再開するくらいが目安と考えます。

結果が出なかったレース後は焦って、練習強度を上げがちになりやすいですので、故障や疲労の上塗りをしないように十分注意しましょう。練習の中で、レースであぶり出した課題への対策をうまく組み込みながら次のレースのイメージや目標を作っていきます。レースの3週間前になったら目標を最終決定します。本書を読んでいただいた皆さんならその理由はすぐに分かりますね。〝レースの3週間前までに走り込みを終える〟〝レースまで3週間を切ったら疲労を抜いてコンディションを整えていく〟〝レースの3週間前には結果が決まっている〟からです。

巻末特別対談

公務員としての本業を持ちながら
「最強の市民ランナー」として名を馳せ、
現在ではプロランナーとして
国内外のレースで活躍する
川内優輝選手。
市民ランナー時代に培った
「短い時間で、質の高い練習を
確保する秘訣」と、
プロとしての「体調管理法」
について訊いた。

医師
諏訪通久
Michihisa Suwa

プロランナー
川内優輝
Yuki Kawauchi

かわうち・ゆうき／ 1987年3月5日生まれ、東京都出身。
学習院大学時代、箱根駅伝に関東学連選抜チームで2度出場。大学卒業後は埼玉県庁の市民ランナーとして活動。2014 年仁川アジア大会銅メダル、2017年世界陸上ロンドン大会9位、18年ボストンマラソン優勝など数々の実績がある。2019年よりあいおいニッセイ同和損保所属。ASICSアドバイザリースタッフ。Jaybirdブランドアンバサダー。無類の中長距離漫画コレクターであり、200冊以上を所持。おススメは『マラソンマン』『奈緒子』『彩風のランナー』『群青』『ROAD』など。

坂ダッシュのすすめ

編集部　公務員時代の繁忙期、どのように練習の「量と質」を保つ工夫をされていましたか？

川内　基本的に、私の練習は1日1回、その中できつい練習は週2回でした。きつい練習は平日に1回、週末にレースというのが多かったです。ポイント練習以外の日は、すべてジョグ。ですので、仕事の繁忙期である2〜3月は通勤ランと週末レースで練習量を確保していました。

　ポイント練習がどうしても厳しいときは、坂ダッシュをしていました。上り坂を走って、下り坂をゆっくり走って……というふうに、呼吸を追い込みながら筋肉を追い込むイメージです。坂ダッシュは15〜30分やるだけでもかなり呼吸を追い込めます。インターバル練習をする余裕もないほど忙しいときに坂ダッシュはすごくよかったと思います。忙しい時期には「どんな練習だったらやる気が起きるか」ということを重視していました。

諏訪　坂道を使うのはすごくいいですね。上り坂は無駄なフォームだとうまく上っていけませんので、自然と効率的なフォームになります。また、下り坂は脚にかかる負担が大きく、頑張りすぎてしまうとランニング障害の原因にもつながってしまいますので、ゆっくりと走っているところも賛成です。ポイント練習は、「心拍数を急激に高めて、そこからいかに粘れるか」が重要ですが、そういう点からも坂道はすごく理にかなっている練習場所だと感じます。あとは「やる気が起きる練習」をすることも大事だと思います。数日休んでしまうと、走ることと自分との間に距離ができてしまいます。川内選手がおっしゃったように、近所に坂やトラックがあれば、そこで「短時間でも構わないので練習をする」ということが継続のポイントですね。

ジョグとポイント練習

――編集部　練習の中心となる「ジョグ」で特に注意されていたことはありますか？

川内　ジョグの日には頑張りすぎないということですね。音楽を聴きながらでもいいですし、もし一緒に走ってくれる人がいるなら、お話しながらでもいいと思うんです。意外としゃべりながらジョギングって楽しいんですけれど、けっこう呼吸も追い込めるような気がします。とにかく、ジョギングの日はリラックスすることを第一にしています。

あくまでジョギングは、大事なポイント練習やレースのつなぎ。私の考えとしては、ポイント練習とポイント練習の間がジョグ、レースとレースの間がポイント練習というふうに、ジョグがポイント練習につながり、ポイント練習がレースにつながるというイメージです。

人間は機械ではないので、ジョグから一生懸命やっていたら、もし体がもったとしても精神がもたなくなると思うんですよね。やはりどこかでそういう息抜きが必要になってくると思います。

諏訪　頑張りすぎないというのは、ベースになるところですね。一般的には練習の8〜9割がジョグをしている時間だと思いますが、そこで頑張ってしまって疲労が抜けずにポイント練習で追い込みきれなかったり、故障を招いたりしたら意味がありません。仲間とお話したり、音楽を聴いたり、そういったメンタルのリラックスというのは、練習の継続という意味からもすごく大事ですね。

編集部ポイント練習は、大まかにどのようなメニューだったのでしょうか？

川内　よくやっているのが、1000mのインターバル10本。レースの1週間半前には恒例で入れていて、1000mを3分くらいで走って、つなぎのジョグを48〜50秒くらいでつなぎ、また1000mを3分というものでした。世界の主流とは異なるかもしれませんが、私の場合、大学時代の監督の指導で疾走区間よりもつなぎのリカバリーの時間をやや速めに、しっかりタイムを守ることで記録が伸びました。

諏訪　インターバルは疾走区間を頑張りすぎ

てリカバリーが長すぎると、心拍数を上げても、また元に戻って中途半端なレペティションのようになってしまいます。リカバリーの時間を短くすることで、逆にインターバルの効果が上がりますね。

お話を聞いていて、川内選手の凄さは「発想の転換」だと感じます。レースを練習に使うこともそうですが「速く走って、休む」という教科書的なインターバルのやり方を、すこし発想を変えてやってみる。型にはまらない自分のやり方で、いろいろチャレンジしてみることが大切なのですね。

メンタルの重要性

――**編集部**　練習のペース設定についてはいかがでしょうか? 「背伸びした目標」「簡単ではないけど、だいたいできる練習」など、設定の仕方も様々と思いますが。

川内　基本的には「頑張ればできる練習、でも頑張らないとできない」くらいの練習をメインにしていました。ただ、そういう練習をしていても、時期によっては調子が悪かったり、スランプになったりする時期があるんですよね。そういうときは、ちょっと設定を下げて、できる練習にして自信を取り戻すということはやっていました。

諏訪　スポーツメンタル的には「五分五分の練習」が、いちばん効果が上がるといわれています。難しすぎても簡単すぎても駄目。人間は、いかに成功したイメージを鮮明に作り、それをいかに積み重ねることができるかということが自信に直結してきます。なので「前向きに設定を下げる」という考えはすごく共感できます。

陸上アスリート専門外来の患者さんを診ていても、「普段ならできているはずのことができない」というのは、心身の疲労や貧血など、ランニング障害の前兆が隠れているからなんですよね。逆に言うと、そういうものがなければ、できるはずなんです。少しリカバリーを入れても調子が上がってこなければ、たとえば採血したりとか、痛い場所のＭＲＩを撮ったりなど、メンテナンスをすることも大事です。

編集部　マラソンシーズンの本番は冬ですが、寒さや風雨など、タフな状況でも結果を残すコツはありますか？

川内　寒さや雨には強いという意識が自分の中にありました。強いうえに結果を残したことが自信にもなっており、むしろ「雨が降っていると今日はいける気がする」とも思います。実際、体がそういうふうになりますし。寒いと、周りの選手が嫌がってても、自分だけ「やったー！」みたいな。ボストンマラソンもそうでしたね。

諏訪　雨の中で走る人って、走らない人からすると、ちょっと頭のネジが外れているというか（笑）。私も妻に止められます。

「こういうことをすれば自分の調子が戻る」「こういうレースだと自分は強い」とか、そういう自分のことをわかっている選手が川内選手みたいな強いランナーになれるのかなと思うんですよね。

運命共同体

編集部 メンタルの部分が重要ですよね。「自分を追い込みきれない」「レース終盤で目標達成をちょっとあきらめてしまう」。そういった市民ランナーに対してアドバイスはありますか？

川内 レースに何回も出て、自分の目標を達成している人とうまく知り合えれば、その人が近くを走っていると、「今は苦しいけれど、あの人に着いていけば自分の目標を達成できる」と思います。練習のときも、知っている人と一緒に競っていると自分の力以上のものが出たりします。しっかり練習してきた過程があれば、最後はやっぱりメンタルだと思います。知っている人がまわりにいるかどうかが大事だと、私は思います。

諏訪 おっしゃるとおりだと思います。私は、普段、ほとんど一人で練習していますので、大会に参加して、集団で走るのをすごく楽しみにしています。

同じ集団で走っていると何となく仲間意識というか同志みたいな感じになるんです（笑）。結構、声を掛け合ったりもしますね。私くらいのレベルだと順位ではなく、自分の記録が重要ですので、周囲の集団も本当に運命共同体という感じです。多分そういう気持ちが結果につながるんだと思います。

川内 運命共同体ってすごくいい言葉だと思います。そのあたりはトップランナーも前半は同じですね。やっぱり、前半は選手間でも給水を失敗したら取ってあげたり渡してあげたりということをやっていますので。逆に、それくらいの余裕もなく、前半からガチガチだと、それはそれで集団を乗り切れなくなってしまうと思います。

風邪と怪我予防

編集部　体調管理についてもお聞きできればと思います。プロに転身されて練習量もおそらく増やされて、海外レースにも多数参加されていますが、風邪や不調の予防のために何か工夫されていることはありますか？

川内　風邪に関しては、基本的にはいろいろなものを食べて、しっかりと栄養をとることです。私の場合、うっかりドーピングに引っかかるような風邪薬をよく調べずに飲んでしまうと問題が出てきますので、普段から風邪には気をつけなくてはいけないな、と思います。今は家では空気清浄機を使っています。少しでも、ウイルスを防ぐようにして。今年も疲れが溜まっていたからか、空気清浄機がない遠征先で風邪を引いてしまいましたので、そういうところも気をつけています。

怪我については、鍼治療だったり、温泉の交代浴だったりを中心にしています。レースやきつい練習が終わったら、温泉に行って、水、温泉、水、温泉と入って、最後は水で締めてあがってくる、ということはだいたい必ずやるようにしていました。公務員で働いていた時には、疲れが溜まってきたな、と思ったら、近所の0時頃までやっている温泉に

行ったりして、しっかり疲労を抜くようにはしていました。

諏訪　交代浴は、すごく効果的な方法だと思います。あと、風邪に関しましては、ランニング障害もそうですが「前の段階で防ぐ」ということがやはり大事ですね。川内選手をはじめプロランナーの皆様は、特に大事な大会で風邪をひいたら今までの練習が水の泡になってしまいますので、マスクや空気清浄機、食事はすごく大事なのかな、と。タンパク質をいっぱい摂るとかいう意味ではありません。マラソンランナーは食事制限をしている人も結構多いのですが、極端な糖質制限などをすると体重と同時に免疫力も落ちてしまいますので、普段の食事をもっと大切に考えるべきなのかなと思います。

川内　私もかなり経験を積んでいるので「この痛みだったら交代浴で治るかな」「これは鋭い痛みだからちょっと治療に行かないといけないかな」という体のSOSにしたがって対応します。基本的には自分の体の感覚で体の声を聞いています。それを無視して、大丈夫だろう、と何もせずにいると、だいたいもうちょっとひどい怪我をしますね。「対処をあとまわしにせずにやる」ということはすごく意識してやっています。それによって、多少の怪我はあっても長期の故障につながらずに、招待やゲストで呼ばれたレースは全部出場するという、今のスタイルを確立できたのかなと思います。

食事で気をつけていること

編集部　食事のお話があったのですが、レース前の食事について、たとえば何日前から特定の食材を減らすとか、レース当日に食べるものなどはありますか？

川内　高校時代はカーボローディングをやって「初めは炭水化物を制限して、最後にドカ食い」というのをやっていたのですが、結局、あれは若かったからできたのかもしれないです。炭水化物のドカ食いをすると、体重が一気にものすごく増えるので、私はもうレース前日のカレーだけですね。それまで体重は増えないようにして、レース前日にカレーをたくさん食べる、というのは、ルーティンでやっています。もちろん合う人もいるとは思うので、そこはやっぱり、目標とするレースの前の小さなレースやポイント練習などで試してみて、自分に合うか合わないか試すのが一番いいのかなと思います。

諏訪　カーボローディングについては、川内選手がおっしゃったように、体重が増えるということがありますね。糖分が水を引き付けて、2〜3kgなど平気で増えてしまい、慣れていないランナーだと、重い感じがしてしまうかもしれません。私は日曜日にレースがあるとしたら、木曜日ぐらいまでは普通に食事して、金曜日の夜くらいから「気持ち多めに」という感じです。前日の土曜日はちょっとおかずを少なめで炭水化物多めで、というイメージ。極端な食事変更はリスクもありますので、あまり無理なことはしないほうがいいかなと思います。

編集部 レース当日の朝のルーティンはありますか？

川内 朝は、基本的には、野菜や牛乳は一切とらないですね。私は、腹痛に悩まされることが多くて、高校の頃からレース当日の朝はそうしています。当時は、ごはんと梅干し、具なし味噌汁にシャケの塩焼き、というメニューが多かったです。今は海外遠征が多くなるにつれて、ごはんがパンに変わったりしましたが、野菜はとらず、基本的には炭水化物とタンパク質、あとはバナナですね。

諏訪 私も、生野菜は食べないですね。普通の和食です。食物繊維は少量であれば当日食べてもお腹が痛くはならないとは思うんですけど、もしなった時に、ちょっとショックが大きいかな、と(笑)。危ない橋は渡らないように、いわゆるお腹にやさしいもので、炭水化物が多めのものを食べたり。あとは遠征だと、コンビニなどで手に入るようなものに慣れておくのも大事かと思います。カステラや団子など。あとバナナはやっぱりいいと思います。カリウムも摂れますし、エネルギーに変わるまでの時間も早いので、私も結構バナナは食べます。

川内　諏訪先生がおっしゃったように、どこに行っても、というのが大事ですね。私も、コンビニやスーパーで手に入るようなものしか食べていないです。結局そういうものでないと、そこに行った時に食べたいと思ったものがないとショックが大きいので。あえて言えば、海外に行っても食べられるもの、ですね。逆に、海外に行ったら手に入りづらいような、たとえば納豆などはもうやめてしまいましたね。

諏訪　自分の中で「これをやる」というのを決めていると、精神的にも無駄なエネルギーを使わなくていいですね。海外の話が出ましたけど、やっぱり場所によっては水がアウトになりますので、生野菜など水で洗ってあるものはダメなんですよね。バナナだったら、外側はわからないですけど、皮をむいてしまえば中は安全ですし、パンなども一回火を通していますし、そういう意味では安心なのかな、と。

「怪我なく、楽しく、継続すること」

編集部　最後に、市民ランナーの読者へメッセージをいただければと思います。

川内　やはり怪我なく楽しくやるのが私は一番だと思います。よく小中学生から「どうやったら速くなれますか？」と聞かれるのですが、怪我なく楽しく継続してトレーニングするのが一番速くなると思います。サブ3・5〜サブ3までであれば、継続して練習し、適度に坂ダッシュやレースを使って質を高めていけば達成できると思います。達成できない人は、継続できていないか、ペース設定がおかしいか、休みが多すぎるか、もしくはその逆に慢性疲労になっているか、など何か原因があると思います。実際、うちの母親も含めて、周囲の人はそういう練習で3時間半近くまでいっていますので。

諏訪　やっぱり「継続していくこと」というのが重要で、しっかりとトレーニングを積んでいけば比例的に速くなっていくと思うんですね。で、その継続できない理由というのが、メンタルであったり、ランニング障害であったり、という。そこをどういうふうにセルフコントロールしていくか、していけるのかというのが、一番大事なポイントだと思います。

おわりに

マラソンという競技は人生の縮図だと思います。日々の小さな小さな積み重ねが今という自分を形作ります。思い通りにいかないことが多いからこそ、この〝過酷な〟スポーツに魅了される人が多いのだと思います。

練習でもレースでも我慢することが必要であるために、飽きっぽい人は淘汰され、我慢強く、真面目なタイプの人が残り、結果的にマラソンランナーは私に代表されるように変わった人がたくさんいらっしゃるのでしょう。その親近感が仲間意識を生み、ランナーの輪を広げていき、かけがえのない友情を育みます。

誰しも一度くらいは簡単に実力が伸びる方法を手に入れたいと思ったことがあるのではないでしょうか？　「やる気が出ずに練習していないけど、せっかく当選したから完走したい」「忙しくて練習が積めていないけどサブ3したい」など。

ここで自身の経験と仲間のランナーを考えてみますと、結果を残すランナーはそれ相応の準備をしているということは間違いありません。楽をしていながら一気に成長することは稀ですし、頑張って練習した分だけ記録は伸びていくことでしょう。それができないということは何かが足りていないということです。絶対的な練習量が足りていない場合もありますし、練習方法が適切でない可能性もありますし、理由は数えきれません。

成長のスピードは人それぞれ違いますが、努力を継続していれば着実に目標や夢は近づいてくるということも間違いないと確信しています。諦めてしまえば、そこで成長は止まってしまいます。ゆっくりでも止まらずに動き続けるという考えが大切になってきます。コツコツと継続することと、練習やレースでの成功体験の積み重ねが自信となり、失敗体験を克服することでそれが真の実力へと変わっていくでしょう。

私もそうですが、疲れている日や集中できない日ももちろんあるでしょう。その時に自分を動かしてくれるのは自分自身、家族、周囲の方々の力に他なりません。練習するのはもちろん自分ですし、練習していれば記録はある程度短縮します。しかしながら、私は自己犠牲の精神だけでは高みを目指すことはできないと思います。支えていただいているという〝感謝の気持ち〟を持ち続けることこそが大きな原動力になっていることを決して忘れてはいけません。

マラソンを走りきることのできる健康な身体をいただいた両親への感謝、毎朝真っ暗な4時に練習に出かける私を否定することはせず(諦めていたのかもしれませんが)、温かい食事を準備して待っていてくれる妻への感謝、大会で応援してくれ、一緒に喜んでくれた家族や友人への感謝。マラソンは一般的に孤独な競技と言われますが、そんなことはありませんでした。自分のマラソン人生を振り返ってみると、常にそこには仲間がいました。

今は満足に走れないですが、2017年に誕生した息子と一緒に走れる日を楽しみにリハビリを頑張っています。そして、私は事故による怪我ですが、理由は違えどランニング障害で悩んでいるランナーの方々の力になるために陸上アスリート外来をしています。怪我を克服して復帰した選手の活躍が私の活力になっています。

〝今まで支えていただいた方々への感謝の気持ちを、少しずつ還元していきたい〟

これこそが私が執筆をさせていただいた、一番の理由です。

今まで、ランニング関連の雑誌やテレビ、ラジオなどのメディアでは多数寄稿・出演させていただきましたが、書籍の執筆というのは今回が初めてです。

最後に、執筆および出版にあたって多大なるサポートをしていただいた大和書房の林陽一様、ご多忙の中対談をしてくださいましたプロランナーの川内優輝選手をはじめ、関わっていただいた全ての皆様に感謝申し上げます。

諏訪通久

諏訪通久（すわ・みちひさ）

1981年11月26日生まれ、群馬県出身。2006年、山形大学医学部卒業。専門はスポーツ障害全般で、日本整形外科学会専門医。日本スポーツ協会公認スポーツドクター。日本医師ジョガーズ連盟所属ランニングドクター。日本陸上競技連盟公認コーチ。高崎経済大学・東京農業大学第二高等学校陸上競技部スポーツドクター、フィジカルトレーナー。

日本で数少ない「陸上アスリート専門外来」には、全国各地から患者が訪れる。自己ベストは2時間28分57秒（2017年、第66回別府大分毎日マラソン）。フルマラソンの他、IAU 50km世界選手権日本代表候補歴もある。本書が初の著書となる。

サブ2.5医師《いし》が教《おし》える

マラソン自己《じこ》ベスト最速達成《さいそくたっせい》メソッド

2019年12月31日　第1刷発行

著　者　　諏訪通久
発行者　　佐藤 靖
発行所　　大和《だいわ》書房
　　　　　東京都文京区関口1-33-4
　　　　　電話03-3203-4511

装　丁　　三森健太（JUNGLE）
装　画　　山下良平
本文イラスト　瀬川尚志
写　真　　中田浩資

本文印刷　　厚徳社
カバー印刷　歩プロセス
製本所　　小泉製本

ISBN 978-4-479-39333-7
乱丁本・落丁本はお取り替えいたします。
http://www.daiwashobo.co.jp/